フランスの一度は訪れたい村

坂井彰代　写真：伊藤智郎

Les villages incontournables de France

Akiyo Sakai

かもめの本棚

プロローグ

フランスの田舎を巡るきっかけとなったのは、学生時代に初めてのフランス旅行でロマネスク教会にひと目惚れしたことでした。どこか素朴さがありながら生き生きとした彫刻や、優しい光に包まれた空間に魅せられたのです。本を読んでいると、行ってみたい教会が増えるばかり。ただ、中世の巡礼路沿いに建てられたロマネスク教会の多くは、へんぴな場所にあり、鉄道ですいすいと回ることができません。ルートを考えたり、時間をかけて訪ねたりしながら、自然とフランスの田舎を旅することが多くなりました。

　そうしていろいろな地方を巡っているうちに、お目当ての教会だけでなく、その村の佇まいや、着くまでの風景に心惹かれるようになっていったのです。小さな村の一つひとつに歴史があり、風景の中に息づいている。旅の楽しみは目的地に着くことだけでないことを知りました。訪れた村について書き留めていたことは、のちにフランスのガイドブックをつくる仕事につくきっかけともなりました。フランスの田舎旅は、さまざまな出会いを運んできてくれたのです。

本をつくる作業は、まず30の村を選ぶことから始まりました。これまで私が訪れたことのある村と、本書のために新たに取材した村の総数は100以上、このうち約40の村が、「フランスの最も美しい村」に加盟しています。その中から今回は、自分にとって心に響き、記憶に残る何かがあった村だけを取り上げることにしました。結果、さまざまな個性を持った村が集まりました。必ずしも観光客に人気の村ばかりではありませんが、どこもその村だけの美しさがあり、小さいけれど豊かさがぎゅっと詰まっています。

また、選定にあたっては、コルシカ島を除く12の地方すべてを紹介することも心がけました。フランスの魅力の一つは、地方ごとの個性が際立っていることです。たとえば東部のアルザスはドイツと、西部のバスクはスペインと国境を接しているため、同じフランスであっても、その風景は違う国かと思うほど異なります。いろいろな地方の村を旅すれば、フランスの多彩な文化や歴史にふれることができるでしょう。

なお、好きな村でありながら、写真が古かったりそろわなかったりで、掲載できなかった場所もあります。またの機会があれば、再訪し、何らかの形で紹介できればと願っています。

本書はどこから読んでいただいてもかまいません。光あふれる南仏から？山間に潜む巡礼の村？

選んだ場所から、もう旅は始まっています。

本書で紹介する12地方30の村

※地図上の地方名は2016年再編後の正式名称です。
本書では該当する地域を表す際に正式名称ではなく、慣用的な名称を用いています。

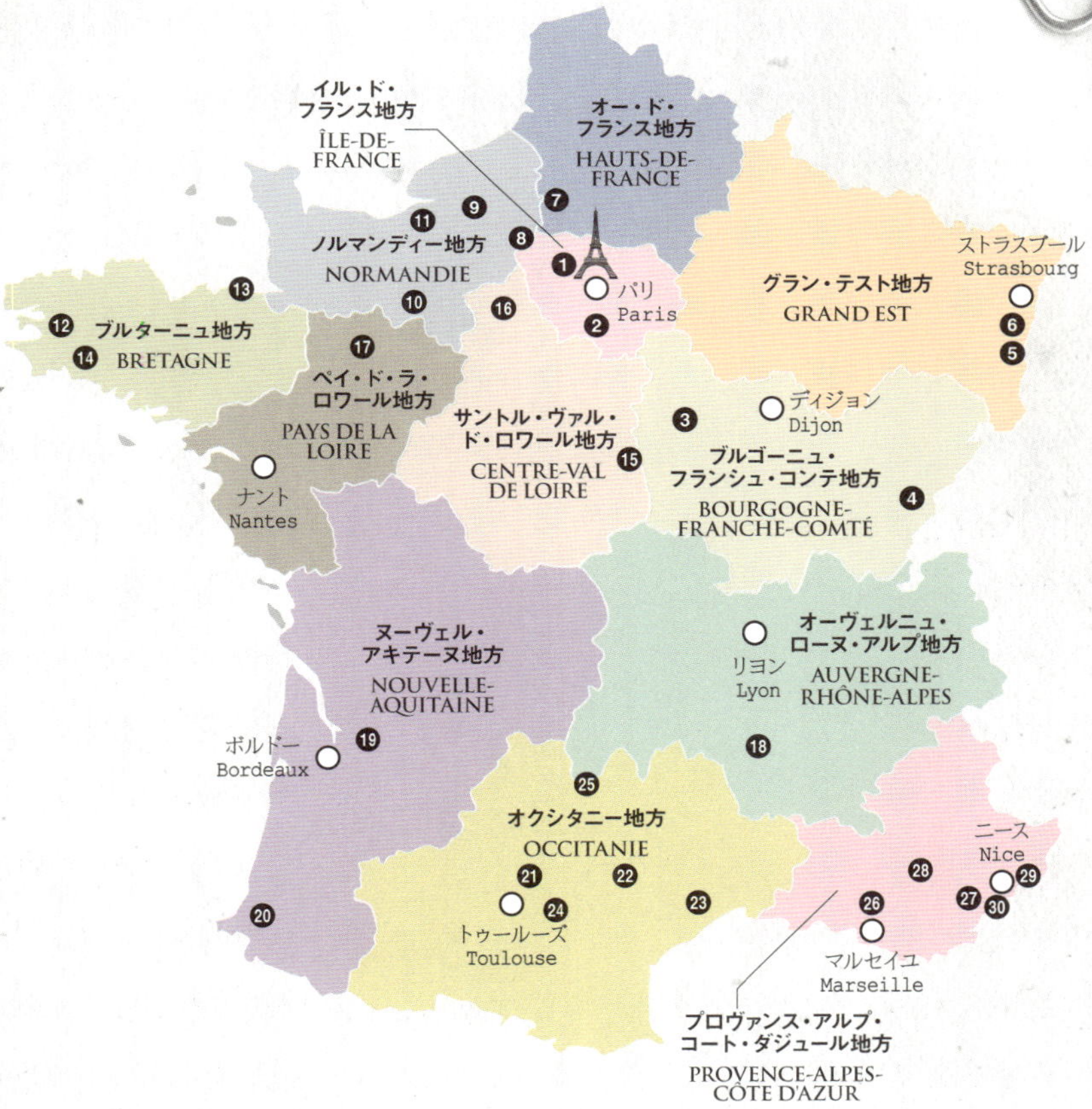

❶オヴェール・シュル・オワーズ ❷バルビゾン ❸ヴェズレー ❹アルボワ ❺カイゼルスベルグ ❻リクヴィール ❼ジェルブロワ ❽ジヴェルニー ❾ラ・ブイユ ❿サン・セヌリ・ル・ジェレ ⓫ブヴロン・アンノージュ ⓬ロクロナン ⓭カンカル ⓮ポンタヴェン ⓯サンセール ⓰シャルトル ⓱サント・シュザンヌ ⓲ミルマンド ⓳サンテミリオン ⓴エスプレット ㉑コルド・シュル・シエル ㉒ロックフォール・シュル・スールゾン ㉓サン・ギレム・ル・デセール ㉔ロートレック ㉕コンク ㉖ルールマラン ㉗ヴァンス ㉘ムスティエ・サント・マリー ㉙ロクブリュヌ・カップ・マルタン ㉚カーニュ・シュル・メール

❶〜㉚は掲載順

Table des matières
目次

【本書で取り上げた各村の見どころ】

絶景　芸術　教会・巡礼路　花　食　ワイン　祭り

★フランスの最も美しい村

「フランスの最も美しい村（仏：Les plus beaux villages de France)」協会が設けた厳しい基準をクリアし、認定された村。
同協会は、伝統文化や史跡を数多く抱えた村の歴史的価値の向上と保護、そして観光地としての魅力を高め、経済の活性化を目的に1982年に発足。2019年10月上旬現在、159村が協会に加盟している。

イル・ド・フランス地方

ブルゴーニュ・フランシュ・コンテ地方

グラン・テスト地方

オー・ド・フランス地方

ノルマンディー地方

ブルターニュ地方

ヌーヴェル・アキテーヌ地方

オクシタニー地方

プロヴァンス・アルプ・コート・ダジュール地方

ノートルダム・ド・ラソンプシオン教会

ゴッホの夢が燃え尽きた村

イル・ド・フランス地方

オヴェール・シュル・オワーズ

Accès

パリ北駅またはサン・ラザール駅からトランジリアン（フランス国鉄のパリ近郊路線）で約1時間（途中乗り換えあり。便によって乗り換え駅が異なる）、オヴェール・シュル・オワーズ駅で下車。

桜が咲く「ゴッホの家」の中庭

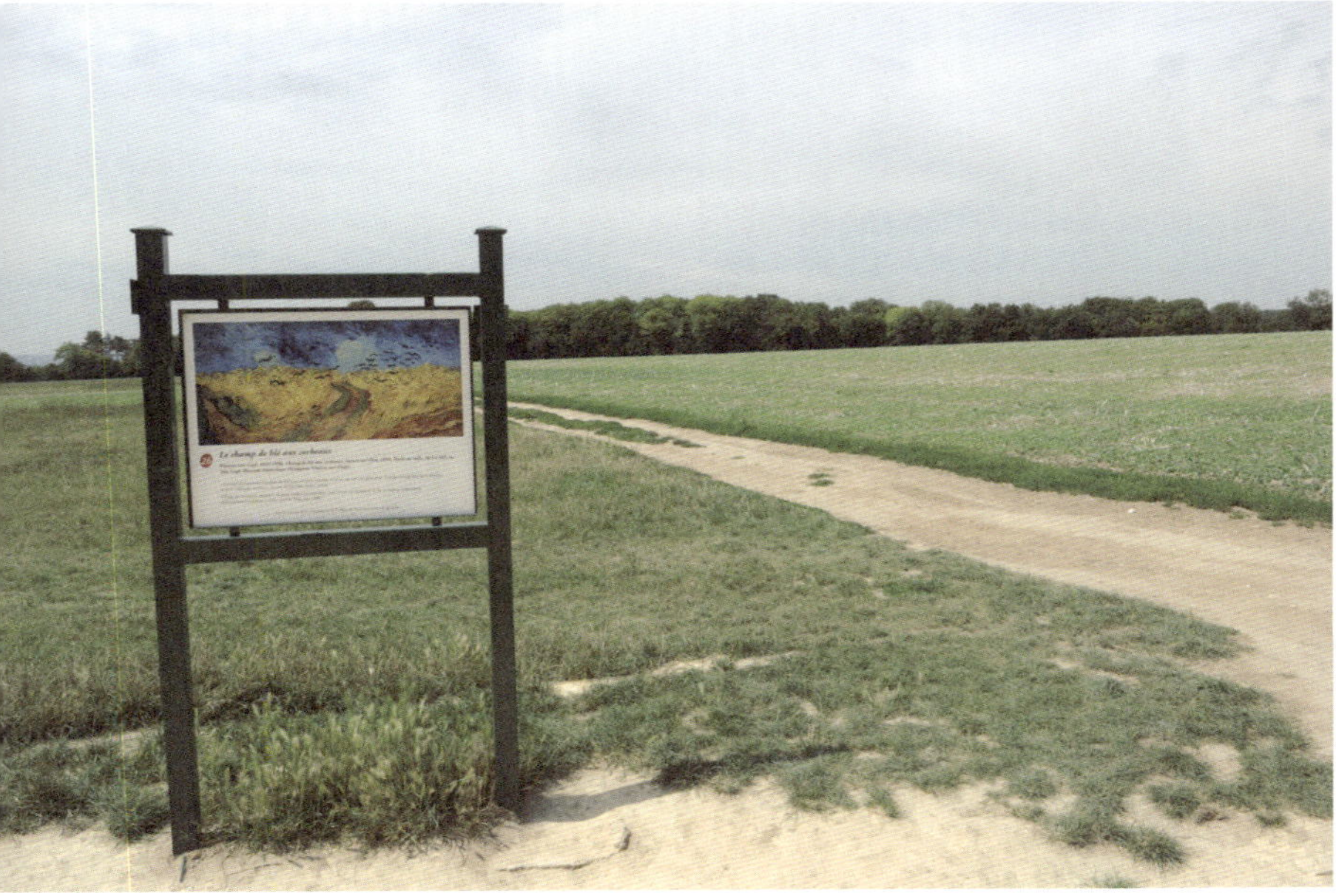

絵画はやはり美術館で見たい！　と思わせる画家の一人がフィンセント・ファン・ゴッホです。激しいタッチで描かれた作品は、まるでついさっき完成したかのように、絵筆の跡が生々しく残っています。美しさに魅せられるというより、画家の魂がこもった表現にぐいぐい引き寄せられるような、写真では再現できないような熱量が生の作品にあるのです。

そんな彼が最期の日々を過ごしたのが、パリ近郊にあるオヴェール・シュル・オワーズの村でした。南仏プロヴァンスで芸術家たちとの共同生活を夢見ながらかなえることができず、１８９０年5月、この村に移ってきたのです。かやぶき屋根の民家が残る田舎の風景とオワーズ河畔の優しい光は、傷ついた画家の心を癒やしてくれたのでしょう。ゴッホはこの村をとても気に入り、弟テオにもその印象を伝える手紙を出しています。

でも、穏やかな日々は長くは続きませんでした。同じ年の7月、村の外れで自らの胸に銃弾を撃ち込んだのです。過ごした期間はわずか2カ月ほど。なのにゴッホは、その短い期間になんと70点もの作品を制作しています。計算すれば、1日にほぼ1作のペースで仕上げたことに。享年37歳。まさに創作とともに駆け抜けた晩年の日々でした。

オヴェール・シュル・オワーズの観光案内所は駅の向かい、彫刻家オシップ・ザッキンが制作したゴッホ像のあるゴッホ公園の奥にありました。村の地図が欲しいとお願いすると、「日本人？」と聞いて、渡されたのは日本語で書かれた解説付きの案内図。親切なことに、ゴッホだけでなく、この村に滞在したポール・セザンヌやジャン＝バティスト・カミーユ・コロー、シャルル＝フランソワ・ドービニーといった画家たちの制作スポットも示されています。これは「ロケ地巡り」の手助けとなること間違いなし！

歩き始めると、さっそくゴッホゆかりの場所が登場しました。モデルとなった村役場です。描かれた場所に掲げられたパネルを見ると、窓辺に三色旗がはためく様子など、その時代の面影がしっかり残っています。

パリのオルセー美術館で見た『オヴェールの教会』のモデルも、すぐに見つかりました。ゴッホも利用したに違いない国鉄駅を過ぎ、坂道を少し上ったところにあるノートルダム・ド・ラソンプシオン教会です。彼が建物の後ろから描いたことで、後ろ姿だけが有名になってしまいましたが、フランスの田舎によくある、ごくごく普通の教会でした。ゴッホの絵にあるような嵐の到来を予感させる不穏さも、燃え立つような色彩もなく、穏やかに佇んでいます。ゴッホを創造に駆り立てたのは、風景というより内にある衝動のようなものなのかもしれません。どんな静かな風景も彼の目を通すと、見る人の心を揺さぶるほどの生々しさをまとってしまうのですから。

教会の前の道を進むと、弟のテオが眠る墓地に出ます。生涯、ゴッホを物心両面から支えたテオは、兄の死に衝撃を受け、1年も経たないうち後を追うようにオランダで亡くなりました。のちに、妻によってオヴェールの墓地に改葬され、今はゴッホとともに眠っています。2つの墓石の周囲を覆うキ

ゴッホが下宿していたラヴー亭

ゴッホと弟のテオが眠る墓

ヅタは恒久不変の愛のシンボルだとか。今は2人で安らぎの中にいることを願わずにいられません。

巡礼最後の訪問スポットは、彼が下宿をしていたワイン屋兼カフェ「ラヴー亭」です。生前は絵がほとんど売れず経済的に豊かではなかったゴッホは、食事付きで宿泊代も安いラヴー亭の1室で暮らしました。そして最後に息を引き取ったのも、この部屋だったのです。

彼の死後、その作品が認められるにつれて、小さなカフェにすぎなかったラヴー亭はファンの訪れる名所となり、さらに歴史建造物の指定も受けてしまいます。その維持管理が重荷となったオーナーは売却を決意。企業からの申し出もありましたが、結局、ゴッホに心酔していたベルギー人実業家が私財を投じて購入します。その後、約5年かけて改修工事が行われ、「ゴッホの家」として一般公開されるようになったのは１９９３年のことです。

借りていた部屋も実際に見ることができます。屋根に開けられた窓から唯一光が入る小さな部屋。見学は一度に5人までと制限されていますが、それ以上はとても無理といっていいくらい狭く、いるだけで息苦しくなりそうです。この部屋で苦痛に耐えながら最期の時を迎えたことを思うと、胸が詰まる思いがします。

カフェだった1階は現在レストランになっています。内装はもちろん、ワイングラスやカトラリー（食卓用のナイフやフォーク、スプーンなど）、ナプキン、床のタイルに至るまで、当時に合わせて復元されていて、19世紀のカフェのざわめきが聞こえてきそうです。出されるのは伝統的なビストロ料理でボリュームもたっぷり。ナプキンはお土産に買って帰ることもできます。

レストランの外には、テーブルと椅子、そしてワインの注がれたグラスが2つ置かれていました。ワインをたるで長期熟成するとき、蒸発などで目減りした分を「天使の取り分」と呼びますが、もしこのワインが減っていたら、ゴッホがこっそり飲みにきているのかもしれません。

森の外れの村で生まれた新しい絵画

イル・ド・フランス地方

バルビゾン

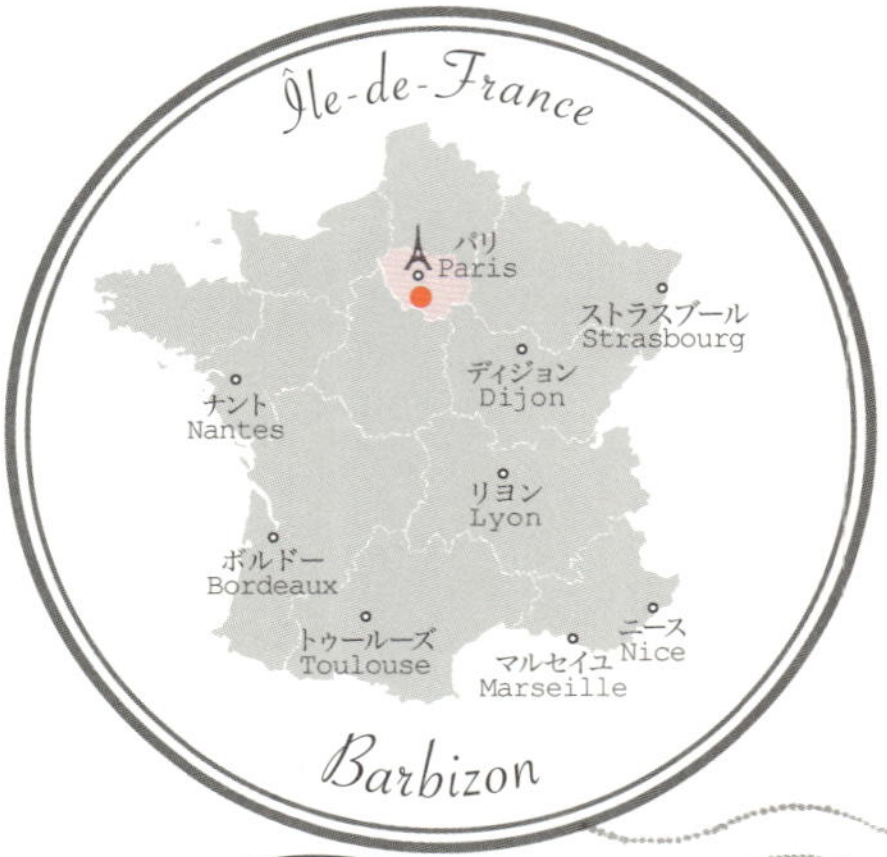

Accès

パリのリヨン駅から列車で約40分のフォンテーヌブロー・アヴォン駅で下車。そこから車で北西へ約20分。

GRANDE-RUE

ぽかぽかとお天気のよい日にフランスの田舎を旅していると、絵心があればいいなあと思うことがよくあります。パステル調の家並みやポプラ並木が続く川辺の道、城門の向こうに続く中世の村など、あちらこちらで絵になる美しい景観に出会うからです。風景そのものをテーマに描くという行為は意外にも、フランスでは19世紀になってやっと始まったことを、いろいろな美術館を巡るうちに知りました。それまで、絵画の主題として扱われるのは聖書や神話の物語で、山や河川、海辺、町などは背景として描かれるにすぎなかったのです。画家たちは理想的な美を追求した女神像などをアトリエにこもって制作し、現実からかけ離れた作品が世の中を席巻していました。

そんな時代、自然の風景をあるがままに描き、女神どころかなんと農民をモデルにする画家たちが現れたのです。やがて彼らが住んでいた村の名前を取って、「バルビゾン派」と呼ばれるようになりました。その中心的存在となったのが、『晩鐘』『羊飼いの少女』などの作者として日本でもよく知られている画家、ジャン＝フランソワ・ミレーです。自身も朝は農作業に従事するなど、大地に根ざした農民画家だったミレー。その制作の場となったバルビゾンを訪ねました。

その村は、パリ郊外に広がるフォンテーヌブローの森の外れにあります。ミレーのアトリエをはじめ、ショップやレストランのほとんどが、「大通り」を意味する「グランド・リュ」の両側に集まっているといってもいいほど小さな村です。ただ、芸術家たちが集った場所であるのと、パリから近いからでしょうか、ショップの佇まいなどに、どこか洗練された雰囲気を感じます。

村の発展は、19世紀にルレ・ド・ポスト（駅馬車の馬を替えるための宿駅）が開業されたことに始まります。ホテルレストランとして現在も営業を続けているところがあり、今も残る厩舎跡が当時の歴史を語り継いでいます。

そんな中、ミレーの時代に画家たちのたまり場となったのがガンヌ旅館です。

フォンテーヌブローの森にあるミレーとルソーの記念碑

『晩鐘』などの名作が生まれた麦畑

現在はバルビゾン派美術館として、この村で描かれた作品などを展示しています。オーナーのフランソワ・ガンヌは貧しい彼らを物心両面で支えました。食堂などが復元された部屋に入ると、壁に落書きが残っていたり、宿代や酒代代わりに描いたという絵が扉に残っていたりと、画家たちの息遣いが感じられるかのようです。

端から端まで歩いても15分ほどというグランド・リュを抜けてさらに歩くと、その先に麦畑が広がっていました。広大な畑を眺めていると、ミレーの代表作『落穂拾い』が思い出されます。収穫の後、畑に落ちている穂を3人の農婦が拾っている様子を描いたこの絵を見たとき、収穫の後始末をしているものと思い込んでしまったのですが、のちに、もっと深い意味が込められていることを知りました。

この作品の根底にあるのは、旧約聖書のレビ記に記された「穀物を収穫するときは、畑の隅まで刈り尽くしてはいけない。収穫後の落ち穂は、貧しい人や寄留者のために残しておきなさい」という律法。19世紀のフランスでも、落ち穂を拾っていたのは最低の暮らしを強いられている人たちでした。発表後、格差問題など大きな議論を巻き起こしたという『落穂拾い』の作品。今も、見る人にさまざまな思いを抱かせます。

グランド・リュを麦畑と反対方向に進むと、フォンテーヌブローの深い森へと導かれます。森の入り口近くには、同じくバルビゾン派を代表する画家であり、友人でもあったテオドール・ルソーとミレーの記念碑があり、彼らの業績を讃えています。このまま森の散歩に出かけるのもすてきですが、2万5000ヘクタールもある広大な森なので、迷子にならないようご注意を。

Les Plus Beaux Villages de France®

聖なる丘へ導く
巡礼の道

ブルゴーニュ・フランシュ・コンテ地方

ヴェズレー

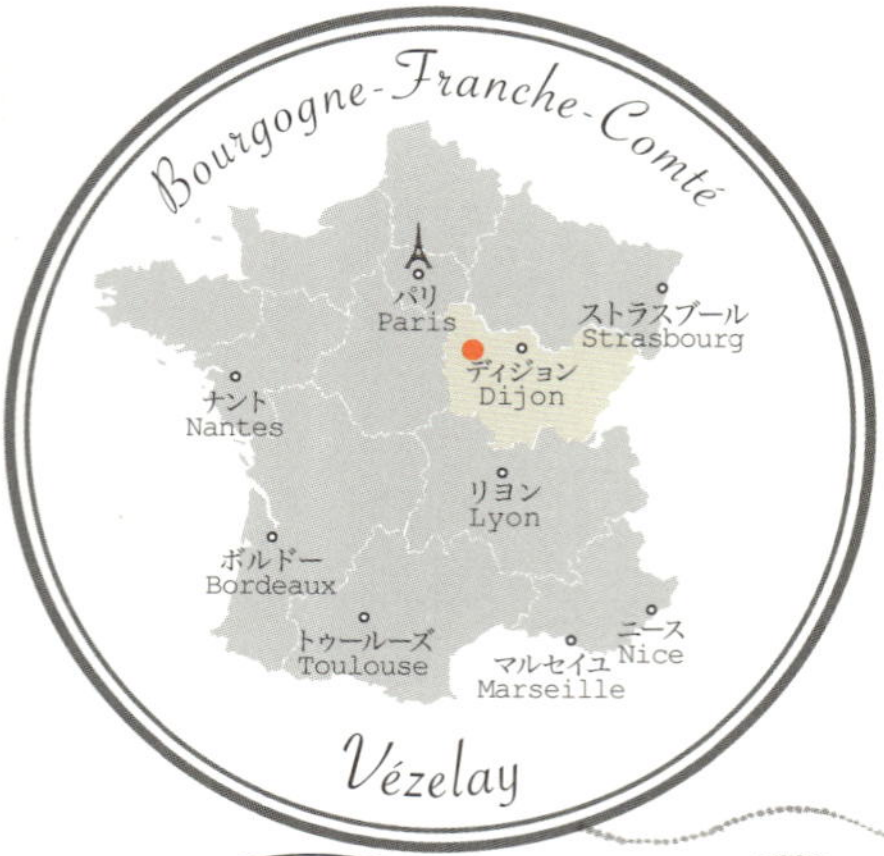

Accès

パリのリヨン駅から高速列車TGVで約1時間30分のディジョン駅下車。そこから車で西へ約1時間30分。

サント・マドレーヌ・バジリカ聖堂

とあるエッセーを読んで心惹かれ、初めてサント・マドレーヌ・バジリカ聖堂を訪ねたのは、まだインターネットもスマートフォンもなかった時代。冬の朝、エッセーに書かれていた情報だけをたよりに、乗客がたった1人というバスに揺られ、ヴェズレーにたどり着きました。

丘の斜面に民家が連なり、その頂に教会が建っています。まだ眠っているかのように静かな村は朝もやに覆われ、まるで天上の世界のよう。天使が舞い降りてくるって、こんなときかしら？　神々しさに体が震えました。ユネスコの世界遺産では、教会だけでなく丘も含めた一帯が登録対象になっています。まさに、「聖なる丘」という言葉がぴったりの場所です。

バスが到着するのは丘の麓。聖堂へ向かうためには、村のメインストリートでもある坂道を上っていきます。

路上を見ると、何やら光るものが……。

これはホタテガイの形をしたエンブレム。ヴェズレーは、スペイン北部のサンティアゴ・デ・コンポステーラへと続く巡礼路「聖ヤコブの道」の出発点の一つで、道の中央にはヤコブのシンボルとされるホタテガイをかたどった道標が埋め込まれているのです。村では、ホタテガイの貝殻をぶら下げた巡礼の人たちを見かけることも。

ワイン屋さん、シャンブル・ドット（民宿）、観光案内所、郵便局などが並ぶ道は中世の面影が今も残り、石造りの家々やかわいらしい看板などを眺めながら歩けば、上り坂も苦になりません。何より、もうすぐ憧れの教会と対面できるかと思うと、だんだんテンションも上がってきます。

そして、ゴール間近でようやく姿を現す聖堂。小さな村にあるとは思えないほど、堂々として立派な佇まいです。完成したころは多くの人でにぎわい、「小さな村」ではなかったのかもしれませんね。扉は朝7時から開き、訪れる人を迎え始めています。

ヴェズレーの聖堂は、「聖マドレーヌ」に捧げられたものです。マドレーヌとは聖書に登場するマグダラのマリアのこと。元は「罪深い女（一般に娼婦と捉えられています）」でしたが、悔い改めてキリストに従い、その復活を証することになった重要な女性です。のちに列聖され、聖女となった彼女の遺骨が収められている場所として、ヴェズレーは12世紀から多くの巡礼者を集めることになりました。

ところがその後、南仏のサント・ボームという場所にある教会で、マグダラのマリアの「本物の遺骨」とされるものが見つかり、ヴェズレーの人気は凋落。荒れ果てて、すさんだ状態となってしまいました。その歴史的価値と中世美術の素晴らしさが認められ、修復されたのは19世紀になってからのことです。

さあ、いよいよ聖堂の中に入ります。迎えてくれたのは正面入り口の上部にある「タンパン（半円形の装飾）」に据えられたキリスト像。細かく彫りこまれたレリーフの中央で両手を広げています。

柱頭彫刻「神秘の粉挽き」

通常は正面扉の上にあるだけですが、ここは内部にもう一つの扉とタンパンがあるのが特徴。そのキリストの大きいこと！　使徒たちにパワーを送る姿には揺るぎない安定感があって、見ているこちらも勇気づけられます。衣のひだの表現がまた見事で、ふんわりとして軽やか。これを彫り込んだ職人たちの、どや顔が目に浮かぶようです。

中を進むと、2色の石を使ったストライプ模様のアーチが奥へと誘います。天井が高くて光がたっぷり。私はもう少し暗めでほのかな光が感じられる教会が好きなのですが、ヴェズレーに関してはこれくらい明るくないと困るのです。というのは、さまざまな細工が施された柱頭彫刻もこの聖堂の見どころだからです。

入り口から主祭壇に続く身廊と、その外側の側廊との間に連なる柱の上部には、「アダムとイヴ」をはじめとする聖書の物語が描かれています。アニメチックな悪魔も生き生きとして、豊かな表現力に脱帽です。

中でも有名なのが、「神秘の粉挽き」と題されるもの。左側にはモーゼ、右側には使徒パウロが配され、キリストの象徴とされる中央の粉挽き機によって、旧約から新約へと受け継がれていることを表しているのだそうです。

柱頭が意外と高い位置にあり、オペラグラスを持ってこなかったことが悔やまれました。なにしろ１００本近くの柱があるため、少々首が痛くなりますが見応えは十分です。

ひととおり内部の見学が終わったら、外に出て聖堂の裏に回ってみましょう。テラスから見渡すと、眼下に広がるのはブルゴーニュの豊かな大地。この地方の特産である白いシャロレー牛の姿もちらほら見えます。

ブルゴーニュの赤ワインとタルタルステーキにしようかな……。早くも夕食に思いを馳せつつ、聖なる丘に別れを告げました。

コンテチーズの里で出会ったご当地ワイン

ブルゴーニュ・フランシュ・コンテ地方

アルボワ

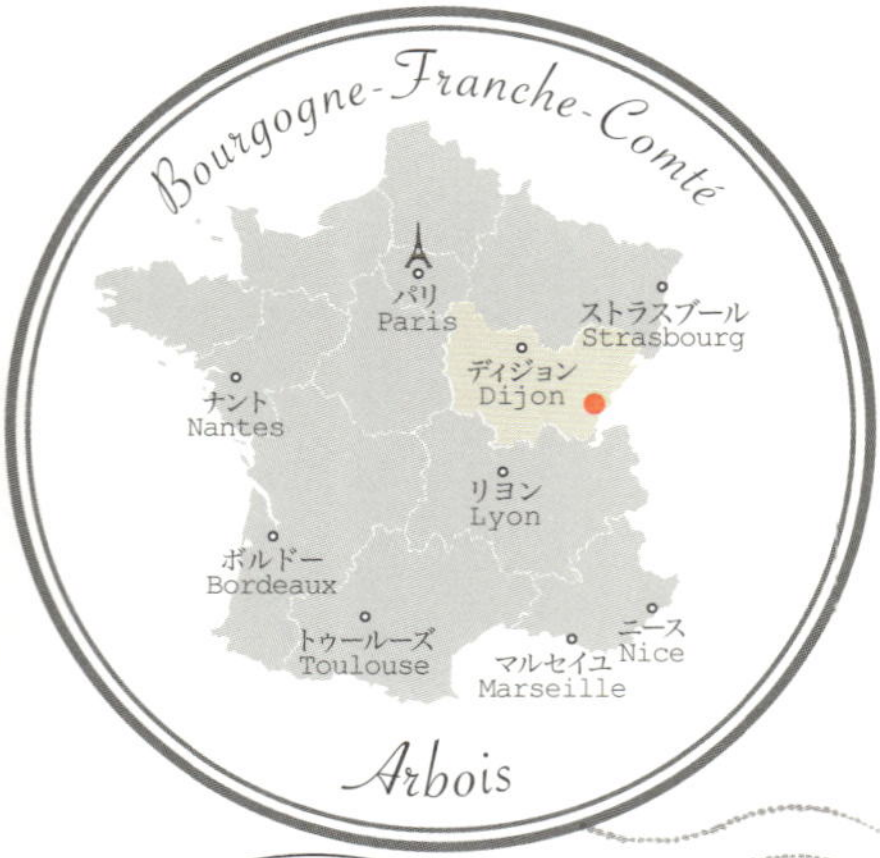

Accès

パリのリヨン駅から高速列車TGVで約2時間のブールカン・ブレス駅で下車。列車を乗り換えて約1時間10分のアルボワ駅下車。

Arbois
LA MAILLOCHE
2004
Stéphane Tissot

TRAITEUR

カラン、コロン。夜遅くホテルに到着し、崩れるように眠ってしまった私の耳に、カウベルの響きが聞こえてきました。時計を見るとそろそろ朝7時になろうとしていますが、窓の外はまだ真っ暗。こんな闇の中に牛がいるのでしょうか。

思いがけず、目覚まし時計代わりとなったカウベルに促されて起き、部屋を出ると、階下から香ばしい香りが漂ってきました。朝食用にセッティングされたレストランのテーブルの上には、何種類ものジャムやハチミツが置かれています。パンもオーブンから出したばかりでほかほか。そんな中、ひときわ存在感を放っているものがありました。ボードの上に置かれたどっしりとしたチーズ、1000年以上前からこの地でつくられてきたコンテチーズです。そのふるさと、フランシュ・コンテ地方の朝はこうして郷土色あふれる朝食から始まったのでした。

緑豊かなこの地は、スイスとの国境地帯に連なるジュラ山脈の裾野に広がっており、別名「ジュラ地方」とも呼ばれています。「ジュラ」はラテン語で「森」のこと。村も牧草地も、この辺り一帯を覆っていた森を切り開いてつくられたのだそうです。

案内してくれたガイドさんによれば、広大な放牧地で自分の牛を見失わないよう、昔からカウベルを装着させる習慣があるのだとか。夏の間は夜も牛小屋に戻すことなく放牧させているのだそうです。それで今朝、闇の中でモーニングコールをしてくれたのですね。

「モンベリアードという牛だよ。コンテチーズはほぼ100パーセント、この牛の乳でつくられるんだ」

ガイドさんの説明では、毎朝、この牛の乳が酪農家からチーズ農家に運ばれ、搾乳後24時間以内にチーズ製造過程にのせられるのだそうです。40キログラムほどあるコンテチーズを1個つくるのに必要なミルクは約400リットル。搾乳には土日も祝日もありませんから、農家は休む暇もありませんね。

厳しい生産基準にのっとったコンテチーズは、AOP（EUの原産地保護呼称）認可を受けています。たとえ同じ製法でも、フランシュ・コンテ地方以外でつくられたチーズは「コンテ」と呼ぶことはできません。最低4カ月、長いものだと18カ月、あるいはそれ以上の時間をかけて熟成されるコンテチーズ。当初は果実味さえ感じさせるフレッシュな風味だったものが、熟成が進むにつれ濃厚で深みのある味わいに変化します。

チーズとワインの相性を考えるとき、同じ土地のものを合わせるとよい、とよくいわれます。それは、「テロワール」と呼ばれる、同じ土壌環境で育まれてきたことが関係しているそうです。となると、コンテチーズにはご当地ジュラ産のワインがバッチリ合うはず！　そこで、その生産の中心地として知られるアルボワを訪ねることにしました。ブドウ畑の向こうにサン・ジュスト教会の塔が見えたら、村はすぐそこです。

ジュラ地方北部にあるアルボワは、フランスの化学者ルイ・パスツールが少年期を過ごした地でもあります。ワクチンだけでなく、治療法や発酵についても研究を重ねた彼は、村にブドウ畑を所有し実験を行っていました。

村の中心にあるリベルテ広場に出てみると、ＭＯＦ（国家最優秀職人章）を授与されているショコラティエの店もあり、グルメ目当てで訪れる人も多いようです。もちろんドメーヌ（ワイン生産者）直営ショップも。その一つに入ってみました。

試飲させてもらったのは、アルボワの白ワイン、そしていっそう個性が際立つ、黄色いワインの「ヴァン・ジョーヌ」。後者は、サヴァニャン種のブドウのみを用い、醸造後最低6年はたるで寝かせ、その間目減りした分を一切補給しない製法です。香りをかぐと、ワインというよりまるでシェリーかブランデー。食後酒としてもディナーをしっかり締めてくれそうです。このほか、わらの上で遅摘みのブドウを陰干ししてから、そのエキスでつくる甘みの強い貴腐ワインもあるそうで、ジュラ産ワインの奥深さを知らされました。

アルボワを訪れた日は、ちょうどブドウの収穫の真っ最中。「今から見に行く？」と、ドメーヌのオーナーからうれしい提案をいただき、急きょ見学させてもらうことに。黄金に色づいたブドウの列の間を、大きな籠を背負った摘み手たちが行ったり来たり。どんなに忙しくても手摘みで収穫するのだとか。さらにご好意に甘えて、摘み手の人たちの昼食にも参加させていただきました。昼だというのにワインも出され、大盛り上がり。みんなの笑顔から察するに、ブドウの出来は上々、おいしいワインを期待できそうです。

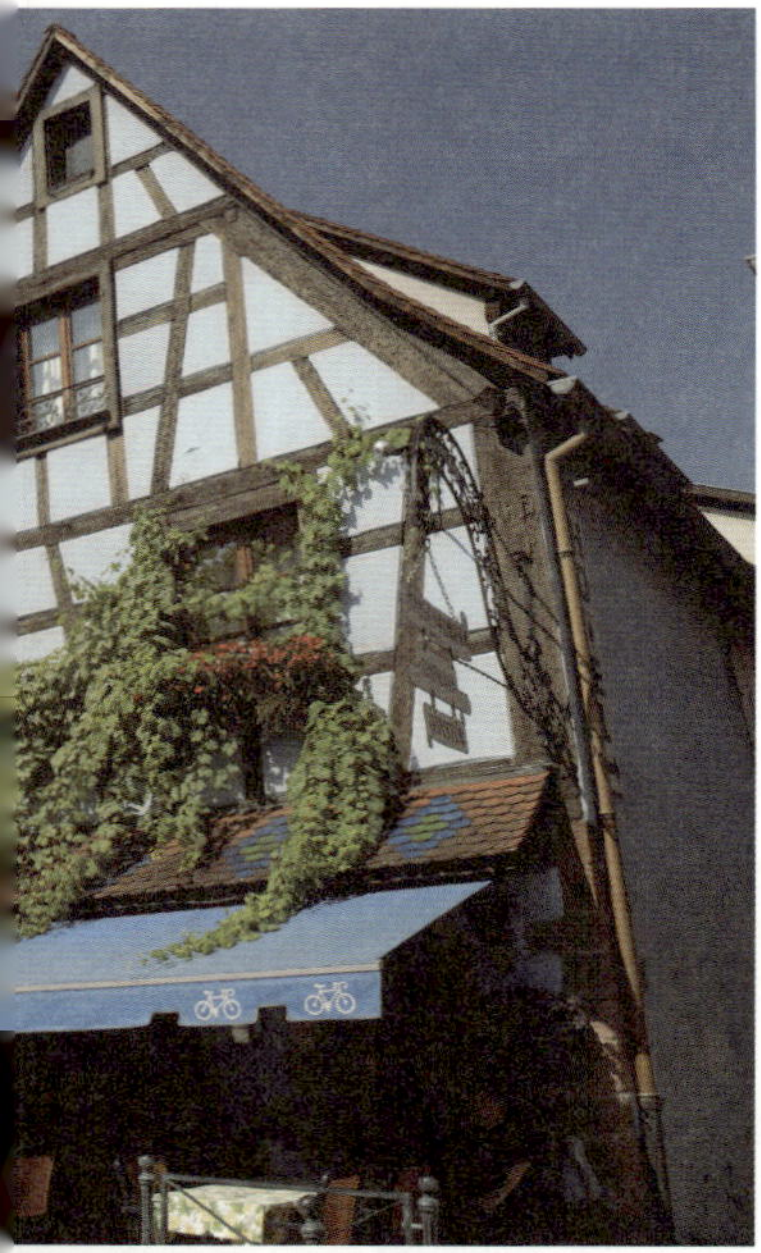

２つの国の記憶が刻まれた美食たち

グラン・テスト地方

カイゼルスベルグ

Accès

パリ東駅から高速列車ＴＧＶで約２時間20分のコルマール駅下車。そこから車で北西へ約15分。コルマール市内からバスも出ている。

Domaine Charles SPARR
Dégustation gratuite
de nos vins blancs
d'Alsace

延々と続くブドウ畑の中に、小さな村がぽつりぽつり。フランス北東部のアルザスを巡ると、まるで絵本の中を旅しているような気持ちになります。とんがり屋根の教会を中心に、オレンジ色の屋根の民家が寄り添う村を見ていると、童話の主人公がどこからか飛び出してきそうです。

東はドイツとの国境となるライン川、西はヴォージュ山脈の間に開けたアルザス。偏西風を遮るヴォージュ山脈のおかげで雨が少なく、気象条件に恵まれたこの地はワインの名産地でもあります。山脈の東斜面にはブドウ畑が連なり、合間に点在する村を約170キロメートルにわたって結ぶ道は「アルザスワイン街道」と呼ばれています。その街道沿いにある村の一つがカイゼルスベルグ。「皇帝の山」を意味し、13世紀には書物にその名が登場するという、古代ローマの時代から続く歴史ある村です。

村の外にある駐車場に車を置いて中に入ると、「コロンバージュ」と呼ばれる木骨組みの家並みが迎えてくれました。コロンバージュとは15～17世紀によく使われた西洋の木造建築の一つで、骨組みが見える外観がかわいらしさを醸し出しています。

通りの両側には、アルザスワインやビールを売る店、この地に渡ってくるコウノトリのぬいぐるみをぶら下げたお土産屋さん、名物の焼き菓子クグロフを売る店などが並びます。店頭に置かれた伝統模様の陶器も、民族衣装を着た女の子や職人さんをモチーフにした鉄細工の看板もかわいらしく、どこを向いても絵になる風景。ただ、実際に絵に描くと、ひょっとしたらドイツの町と間違われるかもしれません。それほど周囲の景色が「ドイツ的」なのです。理由はこの地方がたどってきた歴史にありました。

家並みだけでなく、文化にもドイツ色が感じられるこの地方は、古くは現在のドイツにあたる東フランク王国に帰属していました。その後、領土争いやたび重なる戦争に翻弄されながら、両国の間で揺れ動きます。とりわけ19世紀後半から第二次世界大戦終戦までになんと4度も国境線が変わりました。この100年足らずの間には、同じ場所で生まれた家族の中で、フランス生まれとドイツ生まれが混在するなんてことも珍しくなかったはず。ある日、自分の故郷が別の国になってしまったらどんな気持ちになるでしょうか。

ドイツ色を感じさせるのは家並みだけではありません。ワインもその一つ。ワイン屋さんの店頭に置かれたワインの瓶は、すらっとした細身。ドイツワインによく似ています。白が主流なのも共通していますが、より辛口で料理に合わせやすいのがアルザスワインの特徴です。村の入り口近くにあるホテル「ル・シャンバール」に宿泊したとき、その魅力を堪能することができました。

ル・シャンバールは、シェフのオリヴィエ・ナスティさん一家が経営するホテル。宿泊した日の夜は、ナスティさんが腕をふるう料理を厳選されたワインとともにいただきました。前菜からメイン、チーズに至るまで、それぞれ料理に合わせてサービスされたアルザスワインは、肉料理を除いてすべて

Biscuiterie Artisanale

白。アペリティフ（食前酒）はほんのりと甘い「ミュスカ」から始まり、前菜に合わせたさわやかなリースリング、そしてフォワグラとの相性抜群のゲヴュルツトラミネールは、グラスを口元に持ってきただけでバラを思わせる芳醇な香りが広がりました。彼のレストランは、その後ミシュランの2つ星を獲得。ますます洗練された料理で訪れる人たちに幸せな時間を提供していることでしょう。

星付きレストランは少しぜいたくすぎるという人には、やはりナスティさん家族が経営している「ヴィンステュブ」がすぐ隣にあります。ヴィンステュブとはワイン・ビストロのこと。木製のテーブル、赤いチェックの椅子カバー、ミルクタンクを使った装飾品など、田舎の居酒屋の雰囲気そのままです。ワイン、料理ともに手ごろな値段なのも旅行者にはうれしい限り。アルザス産のエスカルゴ、ザワークラウトにソーセージやベーコンをのせたシュークルート、マリネした肉とジャガイモを重ね焼きしたベックオフなど、メニューにはアルザスの伝統料理が勢ぞろい。お店の常連になった気分で気取らずにたっぷり楽しめます。

ル・シャンバールの裏からは、丘の上に建つ13世紀の古城跡への道が続き、村の全景を見下ろすパノラマスポットともなっています。ブドウ畑に囲まれた村は、花のつぼみが開き命の息吹を感じさせる春、すがすがしい緑が映える夏、ブドウの葉が黄金に色づく秋、うっすらと雪化粧した冬、と季節ごとの表情を見せてくれます。

２０１７年、フランスの人気テレビ番組「フランス人の好きな村」で1位に輝いたカイゼルスベルグ。２０１３年にやはり1位となったエギスアイムや、２０１２年に6位となったリクヴィール（52ページ参照）もアルザスワイン街道沿いにあります。アルザスワインを味わいながら村巡りを続けるとしましょうか。

ワイン村で体験した アルザスのノエル

グラン・テスト地方

リクヴィール

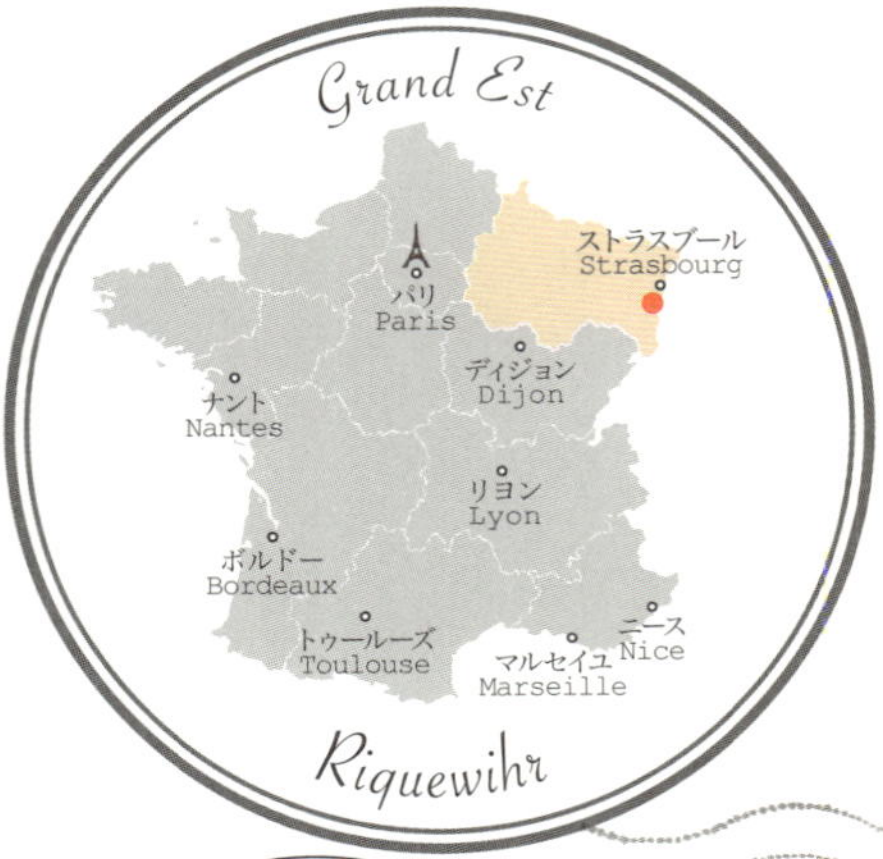

Accès

パリ東駅から高速列車TGVで約2時間20分のコルマール駅下車。そこから車で北西へ約25分。コルマール市内からバスも出ている。

Caramel
* Café
* Rhum/raisins
* Chocolat
* Nature
4€ les 100g

FEERIE DE NOEL

アルザスワイン街道の村、先に紹介したカイゼルスベルグ（44ページ参照）から北へ6キロメートルほど行ったところにあるリクヴィールは、その美しい佇まいから「ブドウ畑の真珠」と讃えられる村です。入り口の門をくぐると、パステル調の民家が並ぶジェネラル・ド・ゴール通りが、「ドルデの鐘楼」と呼ばれる13世紀の塔まで続いています。絵本から出てきたようなかわいらしい木の家々を見ると、この村がかつては城壁に囲まれた要塞都市であったことなど忘れてしまいそうです。村の入り口には「フランスの最も美しい村」の看板。２０１２年には、フランスの人気テレビ番組「フランス人が好きな村」ランキングにもエントリーしているところをみると、フランス人からも愛されている村なのでしょう。

一年を通して美しい景色を楽しめるリクヴィールですが、最も華やぐのがクリスマスシーズンです。モミの木ツリーに関する最古の記録が残る場所といわれるアルザスの人々にとって、クリスマスは大切なイベント。リクヴィールをはじめワイン街道沿いの村々では、11月末から約1カ月の間、毎週末に「マルシェ・ド・ノエル（クリスマスマーケット）」が開かれ、国内外から多くの観光客が押し寄せます。

訪れたある冬の日も、メインストリートであるジェネラル・ド・ゴール通りが人であふれるほどのにぎわいでした。マルシェでは、アルザスの名産品や温かい軽食を売る店が並びます。中でもキラキラと輝いているのは、クリスマスオーナメントを売るお店。天使をモチーフにしたものなど、どれもかわいらしく、見ているだけで癒やされます。

さて、1巡して少し休みたいと思ったものの、村の中には座るところがありません。仕方がないので、行列ができていたサロン・ド・テ（ティールーム）で順番を待ちました。

自分たちの順番が回ってきてほっとひと息。そのときメニューで見慣れない単語を見つけました。サービス係に聞いてみると、

「クエッチのタルトよ。アルザスの果物」

Kougelhopf Traditionnel
8,90 € la pièce

perle
perle

AU MARCHÉ DE RIQUEWIHR
de Canard Entier

AU MARCHÉ DE RIQUEWIHR
AU MARCHÉ DE RIQUEWIHR

という答えが返ってきました。初めて聞く名前に興味津々。試しに頼んでみると、コンポート状の果実がたっぷり入ったタルトが運ばれてきました。皿にこぼれ落ちた果実を口に運ぶと、ほんのりと甘酸っぱい味が広がりました。皮がついたままの果実は、生で味わうような食感を残していて香りも豊かです。

後で調べてみると、クエッチはアルザス特産のプラムに似た果物とのこと。傷むのが早いため生で出回る期間はとても短く、お菓子にしたりジャムに加工したりすることが多いそうです。日本はもちろん、フランスのほかの地方でもなかなかお目にかかれないとか。いつか生で食べてみたいものです。

クエッチのタルトとお茶でリフレッシュした後は、ジェネラル・ド・ゴール通りの散策を続けます。両側にはクリスマスの装飾を施したワインショップやお土産屋さんがずらり。意匠を凝らしたカラフルな陶器を眺めながら歩いていると、甘い香りに引き止められました。

「いかがですか？」と試食を勧められたのは名物のマカロン。おや、いつものマカロンと形が違うようです。実は、日本で知られているクリームを挟んだマカロンは、パリで考案された「マカロン・パリジャン」。リクヴィールのそれはご当地マカロンの一つで、ココナッツ粉を使った素朴なクッキー風。ラズベリー、ピスタチオ、チョコレートなど、いろいろなフレーバーがあり、ミックスしたカラフルな袋入りも売っています。マカロン・パリジャンよりも硬くしっかりしているので、散策のお供にもってこいです。

辛口でシャープな味わいが魅力の白ワインの原料になる「リースリング」など、アルザスを代表するワインの里でもあるリクヴィール。村の周りには延々とブドウ畑が広がっています。丘の斜面を利用したブドウ畑もあり、坂道を上りきったところには村の全景を見渡せるパノラマスポットも。高台まで歩くのはちょっときつい、という方もご心配なく。夏の間はかわいらしい観光用ミニトレインが丘の上まで連れていってくれますよ。

Les Plus Beaux Villages de France®

バラを愛する小さな村

オー・ド・フランス地方

ジェルブロワ

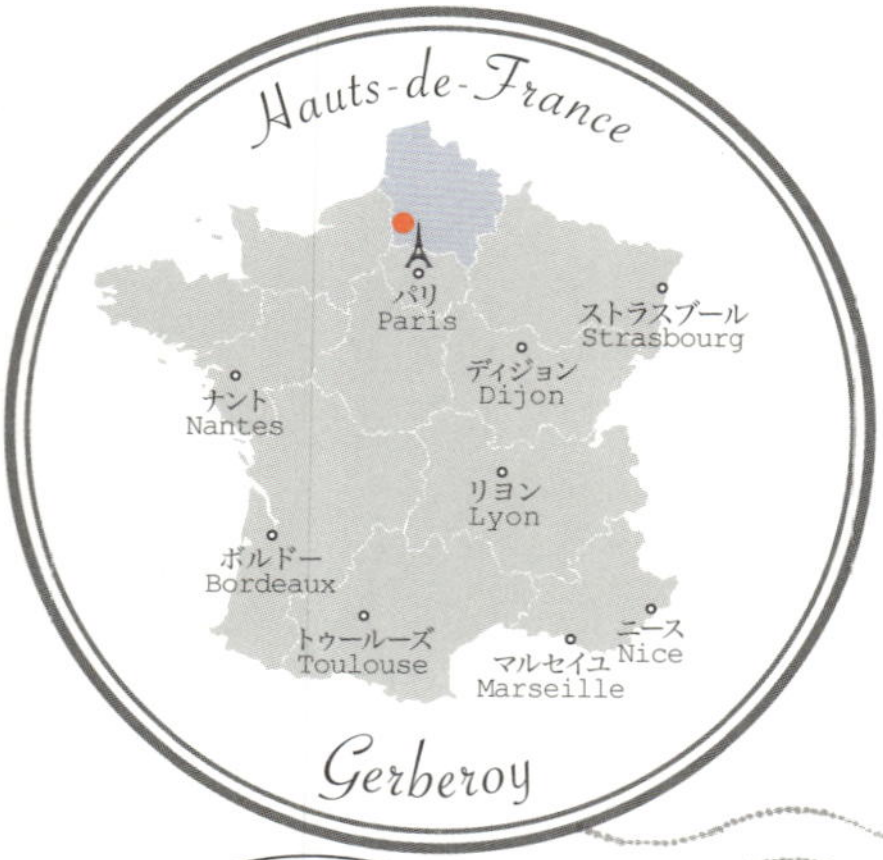

Accès

パリ北駅から列車で約1時間20分のアミアン駅下車。そこから車で南西へ約1時間。

PLACE
LA HIRE
ET XAINTRAILLES

春の訪れを感じるころともなると、桜の開花がいつになるか、気になってくるものです。フランスの旅を計画するときも、花が咲く季節に合わせて日程を考えることがあります。

ジェルブロワはフランス北部オー・ド・フランス地方にある村。人口100人に満たない小さな村ですが、初夏には大勢の観光客が訪れる場所となります。みんなのお目当ては「バラ」。村そのものが花園となるのです。

きっかけとなったのは、画家アンリ・ル・シダネルがこの村の住人となったこと。シダネルは20世紀初頭、人気を博したフランス人画家です。日本での知名度はそれほど高くありませんが、印象派画家たちとも交流を持ち、影響を受けながらもその色に染まることなく独自の画風を貫きました。

旅好きのシダネルはさまざまな土地を訪れていましたが、フランス北部ノルマンディー地方の村、ジヴェルニーで暮らす友人クロード・モネの影響を受け、田舎に移住する決意を固めます。新たな居住地として選ばれたのは、彫刻家オーギュスト・ロダンから紹介された陶芸家オーギュスト・ドラエルシュの勧めで訪れたジェルブロワでした。中世より城塞都市として数々の戦いを生き抜いてきた、歴史ある村です。

1901年、敷地面積約4000平方メートルの古い住居を借り、のちに購入したシダネルは、家の改装を行うとともに、庭園、とりわけバラ園造りに情熱を傾けます。やがて彼は村人たちにも家をバラで飾ることを提案し、ジェルブロワはバラの香りに包まれる村へと生まれ変わったのです。

せっかく旅するなら、やはりバラが咲き乱れる季節を狙って行きたいところ。そこで、「バラ祭り」が開催される6月に合わせて出かけることにしました。とはいえ、桜の開花が毎年1〜2週間ずれるのと同様、バラだってその年の天候によって開花時期が左右されるに違いありません。

「ああ、咲いていますように！　その前に、晴れますように！」

さて、訪問当日、2つ目の願いは聞き入れられました。お天気は曇ってはいますが雨は降らないようです。問題は1つ目の願い。東京の靖国神社にあるような標本木で開花宣言をしてくれるわけでも、村にライブカメラが設置されているわけでもなく、これぱかりは行ってみないとわかりません。不安な気持ちを抱えながら、パリから北へと車を走らせます。そして1時間ほど経ったころでした。花景色が目の前に現れたのです。

「わぁ、車止めて！」

思わず叫んでしまいました。車窓の外に広がっていたのは一面のコクリコ畑です。真っ赤なコクリコの合間に菜の花の黄色が混じり、風に揺れています。まるでモネが描いた絵画『ひなげし』のように、子どもを連れた婦人が彼方から歩いてきそうな気配。ジェルブロワのバラもきっと咲いているはず！　と、励ましてもらったような気持ちになりました。

コクリコ畑を過ぎて、ほどなくジェルブロワ村に到着。入り口には「フラ

BOULEVARD
GUILLAUME
LE CONQUÉRANT
Classé parmi
Les Plus
Beaux Villages
de France®

Gelée
Gelée

ンスの最も美しい村」の看板があり、そのすぐそばの壁面を伝うバラの花が見えました。よかった、咲いている！　ただ、例年より少し寒い気候だったせいか満開ではなく、七分咲きといったところでしょうか。でも日当たりのよい場所では、大輪の花が咲き誇り見ごろを迎えていました。ピンク、黄、そして真紅。どのバラもきちんと手入れされ、家ごとに大切に育てられている様子が伝わってきます。花を愛する気持ちがなければ、ここまで美しい景観をつくることはできなかったことでしょう。

ひと回りするのに1時間もかからない小さな村でしたが、歩いているうち、ほかの地方と少し異なる家並みに気づきました。中世からある村というと、石造りの民家が並ぶ風景を想像しがちですが、ここジェルブロワはれんが造りの家が多いのです。れんがの長い面と短い面を交互に積み重ねていくフランドル式（フランス式）という建築技法で建てられた民家は、バラとの相性もぴったり。シダネルでなくても絵を描きたくなるようなかわいらしさです。

村には彼の自邸も残されていて、あらかじめ申し込めば週末のみアトリエを見学することができます。今回は残念ながら訪れることはできませんでしたが、日光だけでなく月明かりなど、光の効果を印象派画家以上に探求したシダネルの創作の秘密に触れられるかもしれません。

予約しなくても自由に見ることができるのが庭園です。彼は城塞の跡地を含め、高低差を利用した見事な風景庭園を築きました。もちろん、植えられているのはバラ。さまざまな種類の中に「Ｋｉｚｕｎａ」という名前のバラを見つけました。聞けば、東日本大震災がきっかけで生まれたチャリティーローズとのこと。苗の収益の一部が被災地に贈られたそうです。

村にある小さな観光案内所では、ここに着く前に目を楽しませてくれたコクリコの花やスミレのジュレが売られていました。もう少しドライブすればスミレ畑にも会えるかもしれません。花の季節を満喫した一日となりました。

四季折々の花に彩られるモネの家

『睡蓮』が生まれた モネの理想郷

ノルマンディー 地方

ジヴェルニー

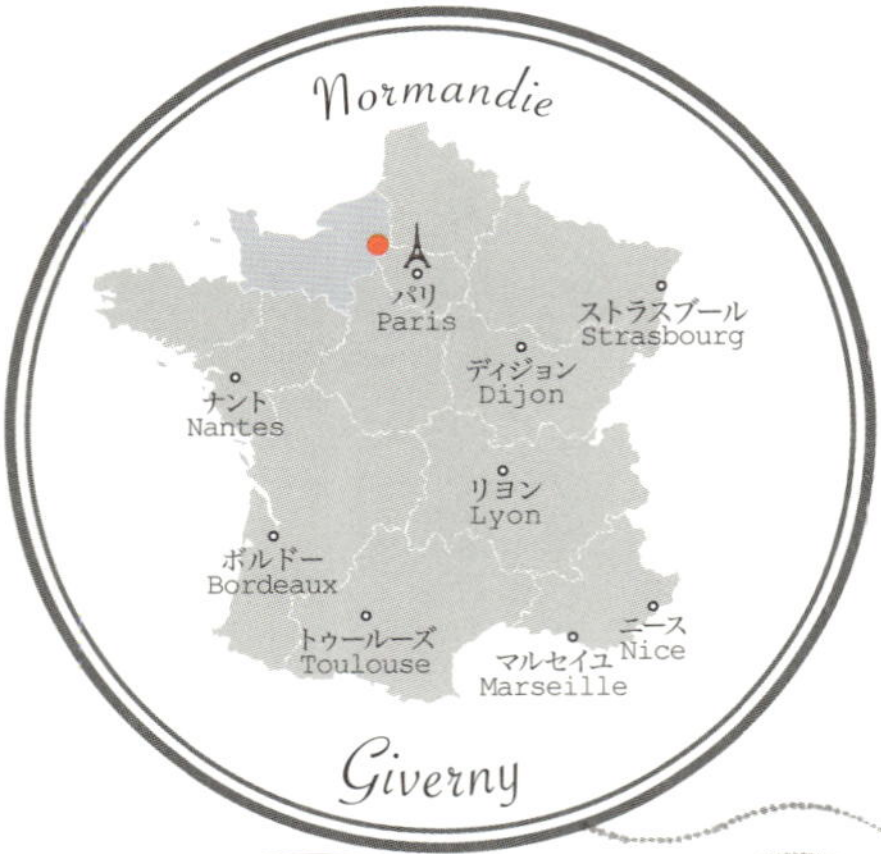

Accès

パリのサン・ラザール駅から列車で約50分のヴェルノン駅下車。そこからジヴェルニー行きのシャトルバスで約20分。

モネの墓

画家が住んだことで有名になった村が、フランスにはいくつかあります。パリの北西約75キロメートルにあるジヴェルニーもその一つ。クロード・モネが人生の半分を過ごし、『睡蓮』の連作を誕生させたこの村は、印象派ファンの聖地となりました。モネを慕う画家たちが集まった場所でもあり、今ではパリから日帰りで行ける人気のアートスポットとなっています。

パリからジヴェルニーを訪ねるには観光バスを利用することもできますが、最寄り駅のヴェルノンまで、のんびり列車で向かうのがお勧めです。モネの絵にも描かれたパリのサン・ラザール駅を出た列車は、大きく蛇行するセーヌ川と並走したり離れたりしながら走ります。車窓を流れてゆくのは、モネやアルフレッド・シスレーが愛したセーヌ河畔の風景。村に着く前から印象派の旅は始まっているのです。

モネがジヴェルニーに越してきたのは１８８３年のこと。当初は賃貸でしたが１８９０年に家を正式に買い取ります。このときからモネの生活は大きく変わっていきました。まず、本業が画家であることを忘れそうになるほど造園に精を出しました。園芸の本を手当たり次第に読み、自ら球根や種を購入して「花の庭」を築き上げます。その後、鉄道を挟んで隣り合った土地も購入し、スイレン(睡蓮)を植えた「水の庭」も完成させました。そして、1926年に亡くなるまで、庭をモチーフとした作品を描き続けたのです。

モネが暮らしたこの家は、村の南側にある「クロード・モネ通り」に面しています。同じ通りにジヴェルニー印象派美術館や、ポール・セザンヌも滞在したことがあるホテル(現在はレストラン)、そしてモネが眠る墓もあり、半日もあれば十分見て回れるでしょう。ヴェルノン駅と結ぶシャトルバス乗り場や、パリからの観光バスの駐車場は少し離れた場所にあるため、この辺りは比較的静かなのも魅力。のんびり散策が楽しめます。

さっそく「モネの家と庭園」に行ってみましょう。広大な敷地の北側にあるパステルカラーの建物が、モネが暮らし、アトリエとした家。3月下旬から10月末まで一般公開されています。その外観は、訪れる季節によって表情を変えます。あるときは壁が見えなくなるほどのバラの花で覆われていたこともありました。家もまた庭の一部なのですね。

中に入ると、モネの美意識、そして毎日の暮らしを大切にしていたことが伝わってきます。とりわけ印象に残ったのは、クリームイエローの壁と赤いダイヤ模様の床が鮮やかなダイニングルーム、そしてブルーのタイルが壁を覆うキッチンです。キッチンには、サイズの異なる銅鍋がいくつも並び、相当なグルメだったことがうかがえます。鶏を飼っていたのでしょうか。卵専用のかわいい木箱もありました。産みたての卵でつくったおいしい料理に舌鼓を打つ、そんなモネの姿が思い浮かびます。

2階の窓からは、花が美しく咲く庭を見渡すことができます。実はこの庭は、モネの時代からずっと同じ状態で保たれているわけではありません。

アイリスが咲き誇る「花の庭」

１９２６年にモネが亡くなり、さらに一人息子のミシェルが交通事故死した後は放置され、荒れたままの状態が続いたそうです。政治家などから資金援助を受けて修復作業が始まったのは１９７６年のこと。約４年の年月をかけて復元しました。

修復当時に主任庭師として指名され、長くモネの庭を管理していたジルベール・ヴァエさんにお話をうかがったことがあります。

「『花の庭』は、自然な植生を重んじたイギリス式庭園に類別されることが多いのですが、実は緻密に計算されているんですよ」

花木の色や植える場所は、庭全体の色彩や光の効果を考慮して選ばれていたことが、実際に修復作業に携わるとわかるのだそうです。一見雑然とした庭に見えても、画家ならではの感性が盛り込まれていたのですね。

花の庭から地下道を抜けると、通りを挟んで広がる水の庭に出ます。インスピレーションの源泉となったスイレンの池です。パリのオランジュリー美術館にある連作をはじめ、数々の作品がこの池から生まれました。日本マニアだったモネが池に架けた太鼓橋の上には、フジ棚が優雅なアーチを描いています。

スイレンはフランス語で「ナンフェア」。水の精「ニンフ」に由来するともいわれています。モネが長年追い求めてきた光と色彩に満ちた庭は、水の精からのプレゼントなのかもしれません。

印象派画家たちが愛した水辺の風景

ノルマンディー 地方

ラ・ブイユ

Accès

パリのサン・ラザール駅から列車で約1時間半のルーアン・リヴ・ドロワト駅で下車。そこから車で南西へ約30分。

La Seine à la Bouille,
coup de vent
ALFRED SISLEY, 1894

日本でもよく知られるセーヌ川。水源はフランス中部のブルゴーニュ地方にあり、イギリス海峡に注ぎ込むまで全長約780キロメートルという大河です。パリとセットでイメージされることが多いのですが、市内を通るのはごく一部。さまざまな町や村を経由しながら、大きく蛇行して流れてゆきます。ポプラ並木が続く河畔の小道、綿菓子のような雲、ゆらゆらと川に浮かぶ小舟……。そんなセーヌ川の流域が、パリとはまた違う美しさを持つことを教えてくれたのは、印象派の画家たちでした。

その一人、アルフレッド・シスレーが描いたラ・ブイユという村に立ち寄る機会がありました。車を降りてみると、単なるのどかな村とはちょっと違う空気を感じました。パステル調の壁や木骨組みの外観は、きちんと手入れされ、どこか上品な趣があります。セーヌに面して建つ数軒のホテルも気になりました。海辺のリゾートホテルのような華やかさはないけれど、常連客が秘密にしたくなるような、隠れ家的な雰囲気を持ち合わせているのです。

看板を見れば、18世紀創業というホテルもあるではありませんか。ひょっとしたら印象派の画家たちが滞在したのかもしれません。
「いつかここに泊まる！」と心の中で誓って、村を後にしました。

それから3年。夢をかなえる機会が訪れました。この辺りを回る旅のプランを考えていたとき、村で空いているホテルを見つけたのです。地図を見れば、セーヌ川沿いに建つという理想的なロケーション。なんてラッキー！と、月曜の宿泊を予約したのはいいけれど、これが失敗だったのです。

ラ・ブイユに向かう車の中で宿泊予約を確認すると、あれ？　チェックイン時間が「18時〜20時」と書いてあるではありませんか。たった2時間？　それも夜？　きっと間違いだよね、と期待しつつホテルに到着したら……。ガーン、本当に閉まってる！　さらに調べてみると、レストランも休み。近くのレストランも固く扉を閉ざしています。その扉には「定休日／日・月」

の文字が。月曜に休む店が意外と多いことをすっかり忘れていました。このままでは夕食抜きになってしまいます。こういうときの強い味方、スマートフォンのアプリで「いちばん近いスーパー」を探してもらってなんとか食料を調達することができました。文明の利器に大感謝です。

18時過ぎてやっと鍵が開いたホテルに入ると、マダムが満面の笑みで迎えてくれました。

「今日はレストランが開いていないから、オスシを取りたかったら言ってね」

出前！　その手があったとは。

翌朝7時、ホテルの部屋から外をのぞくと、まだ真っ暗です。そんな中、パン屋さんの明かりが朝であることを伝えてくれます。と、そこへパン屋に足早に向かうマダムの姿がありました。朝食を予約した7時半まであと10分というところですが、どうやら少し遅れて行ったほうがよさそうです。

指定された2階に行くと、現れたのは大きな窓を配した朝食サロン。ビュッフェスタイルで、すでにパンやハムが並んでいます。テーブルの上には、お湯をたっぷりたたえたセルフゆで卵器も置かれています。好みの固さにゆでられて、アツアツを食べられる優れもの。のんびり朝食をとりたい人にはうれしい調理機器です。卵料理を用意しているうちに、窓から朝の光が差し込んできました。ほどよく半熟になった卵と夜明けのセーヌ。ささやかだけれど、幸せな気持ちに満たされた朝のひとときになりました。

ホテルを出るころには青空が広が

り、木々の紅葉がきらきらと輝いて見えます。セーヌ沿いの小道を歩いていくと、川岸にシスレーの絵のパネルが掲げられているのを見つけました。『ラ・ブイユのセーヌ、疾風』と題された作品は、初夏に描かれたものなのか、緑が鮮やか。一陣の風を受けて、かさかさと揺れる木の音が聞こえてきそうです。

蒸気船が航行していた時代、港町として栄えたこともあったというラ・ブイユ。時は流れ、河畔の風景は変わっても、セーヌはきっとこの絵の時代のままなのでしょう。

おや、車を数台のせた船がこちらに向かってきます。やがて着岸すると、車が下船し、続けて待機していた車の列が吸い込まれるように船に入っていきました。全台乗り込むと、船はまた対岸へと出発。川のフェリー？　いいえ、渡し船といったほうがしっくりくるのどかさです。

船着き場の看板を見ると、この船は朝から夜まで車をのせて行ったり来たり。そういえば、ルーアンからラ・ブイユに向かう途中、いやそのかなり先まで、橋が全くなかったことを思い出しました。乗船代は無料。地元の人にとっては、道路の一部といった感覚なのかもしれません。

そうだ、この船からなら、村の全景を眺めることができるはず。と、船がこちらに戻ってくるのを待って乗り込みました。船が岸を離れるにつれて、村の全景が現れました。セーヌに沿って続く家並みが水面に映る様は、一幅の絵のような美しさです。

この流れの終点はル・アーヴル。「印象派」という言葉が生まれるきっかけとなった、『印象、日の出』をクロード・モネが描いた場所です。セーヌも旅も、まだまだ続いていきます。

Les Plus Beaux Villages de France®

雨露に濡れた礼拝堂を訪ねて

ノルマンディー地方

サン・セヌリ・ル・ジェレ

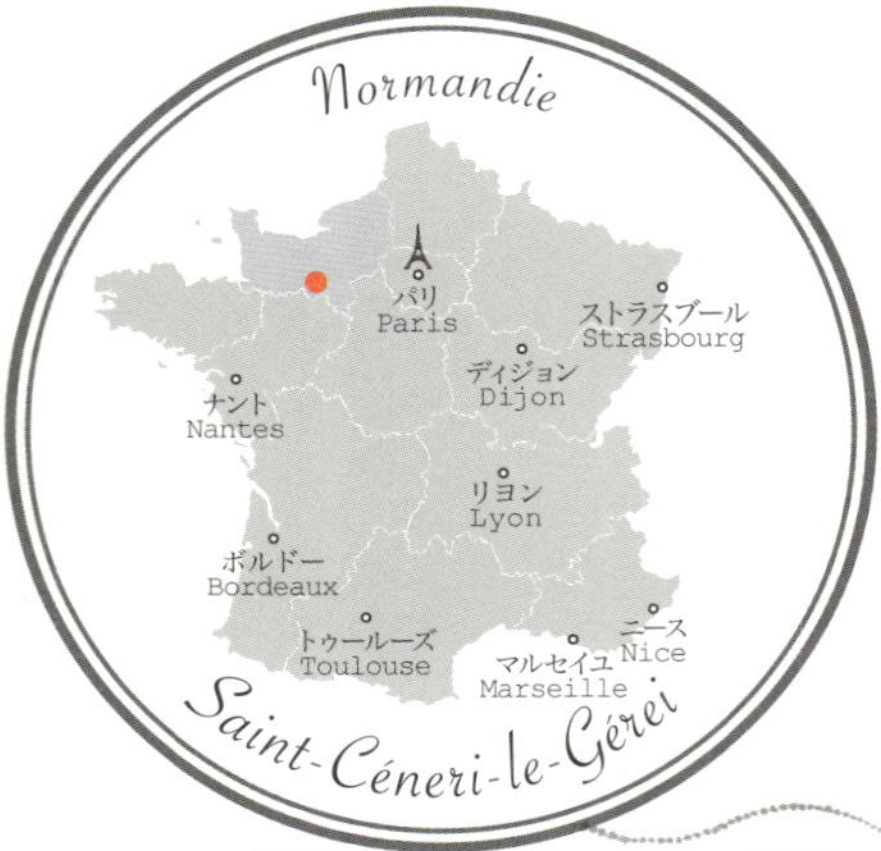

Accès

パリのモンパルナス駅から高速列車TGVで約1時間のル・マン駅下車。そこから車で北へ約1時間。

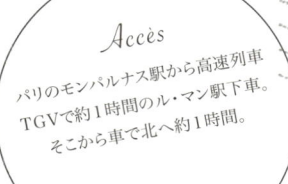

D 535
D 101
ST PIERRE
DES NIDS
ALENÇON
Les jardins ce
la Mansonière
Belvédère
des Avaloirs
parking

旅先で撮った写真をすぐSNSに上げたり、世界中から即座にレスポンスが届いたりする時代になっても、絵葉書を買い求める習慣はなくなっていないのでしょうか？　フランスのどの町に行っても、お土産屋さんや駅の売店、たばこ屋の店先などで、たくさんの絵葉書が売られているのを見かけます。その町の代表的なモニュメントや風景写真が使われているものがほとんどですが、中には郷土料理の写真とレシピを掲載した絵葉書もあって、ひととおり集めれば立派な料理ファイルができそうです。

フランス北部のノルマンディー地方を旅したとき、さまざまな絵葉書を取りそろえたスタンドで、ちょっとした変わり種を見つけました。「I have a dream」という英語のコピーが入ったその絵葉書には、フランス全土の天気予報を示すイラストが描かれています。よく見ると、ノルマンディー地方だけ晴れ、残りはすべて雨、という天気予報図です。「夢」ですから実際はその逆という、いわば自虐ネタです。お土産屋さんの店内をのぞけば、ノルマンディー名物のガレット（バターをたっぷり使ったクッキー）の箱のふたにも、同じイラストが使われているではありませんか。それほど雨が多い地方なのでしょう。

サン・セヌリ・ル・ジェレはノルマンディー地方の南端、大きく蛇行するサルト川に挟まれた場所にある小さな村です。車で訪ねたときも、冷たい雨が降っていました。普段なら、どんよりとした空を見ただけでがっかりしてしまうところです。でも、水滴が流れ落ちる車窓を眺めているうち、これもノルマンディーらしい風景といえるのかな、と思えてきました。晴れの日とはまた違う、日常の風景に出会えるかもしれません。

その雨も、村に着くころには上がり、しっとりと濡れた石畳の道や趣のある家並みが迎えてくれました。川岸から少し高台になった村まで続く坂道など、至るところに趣のある景色が溶け込んでいます。創作意欲を刺激された画家たちも多かったとか。村にはそうした画家たちが滞在したオーベルジュ（宿泊できるレストラン）が残っています。

夏のシーズンには今もきっと多くの訪問者を迎えているはずの村。でも、私が訪れたのは11月、しかも雨とあって歩いている人はほとんどいません。あいにく観光案内所も閉まっていましたが、小さな村なので地図なしでも歩けそうです。

村の中央を貫くメインストリートの両側には、中世の面影を残す家々が並んでいます。その壁面は紅葉したツタの葉で覆われ、村全体が秋色に染まっていました。歩いていると、もう一つモノトーンの壁を彩るものがありました。アジサイです。といっても、もちろん満開の時期は過ぎて、今やドライフラワー状態になっています。ブルターニュ地方のロクロナン（１００ページ参照）で知りましたが、北部の地方ではアジサイは夏の盛りに咲くようで、秋には花の形だけを残した姿になるのですね。シックな色合いに変化したア

サルト川の水辺に建つ礼拝堂

ジサイも、なかなか味わいがありました。

シーズンオフだからこそ出会えた風景をカメラに収めながら、この村で「見たい」と思っていた場所を探します。それはある写真で見た小さな礼拝堂。その控え目な姿に心惹かれるものがあったのです。

南へと延びるレグリーズ通りをどんどん下っていくと、村外れの一角で目指す礼拝堂を見つけました。どうしてこんなところに？　と思わずにいられない草むらの隅っこにポツンと建っています。サン・セヌリ・ル・ジェレの絵葉書をつくるなら間違いなく登場する、幻想的な佇まいです。

そばに置かれた工事用のコーンに一抹の不安を覚えながらも、雨露に濡れた草を踏みしめながら、サルト川の水辺に建つ礼拝堂にたどり着きました。不安は的中。礼拝堂は改修工事中で、中に入ることはできません。扉の貼り紙に書かれた日程を見ると、とっくに工事は終わっているはずですが、急な延期はフランスではよくあることです。11〜12世紀につくられた礼拝堂の内部には、フレスコ画などが残っているとのこと。内部が見られなかったのは残念ですが、礼拝堂の秘密めいた雰囲気は、扉を閉ざした状態のほうがよりいっそう感じられた気がします。
　礼拝堂のそばを流れるサルト川の対岸を見ると、うっそうと茂る木々の合間に、小さなほこらのようなものがありました。これは、村の名前の由来となった聖セヌリも喉を潤したという泉なのだとか。今も水が湧き出ているか確認できなかったのですが、目の病気に効くという言い伝えがあるそうです。

　礼拝堂から再び草むらを横断して柵の外に出たときには、靴下までぐっしょり濡れていました。「ノルマンディーの雨」は、靴底を濡らした冷たい露や、紅葉に彩られたサン・セヌリ・ル・ジェレの風景とともに、記憶に残ることでしょう。

リンゴの里で味わう芳醇なお酒

ノルマンディー地方

ブヴロン・アンノージュ

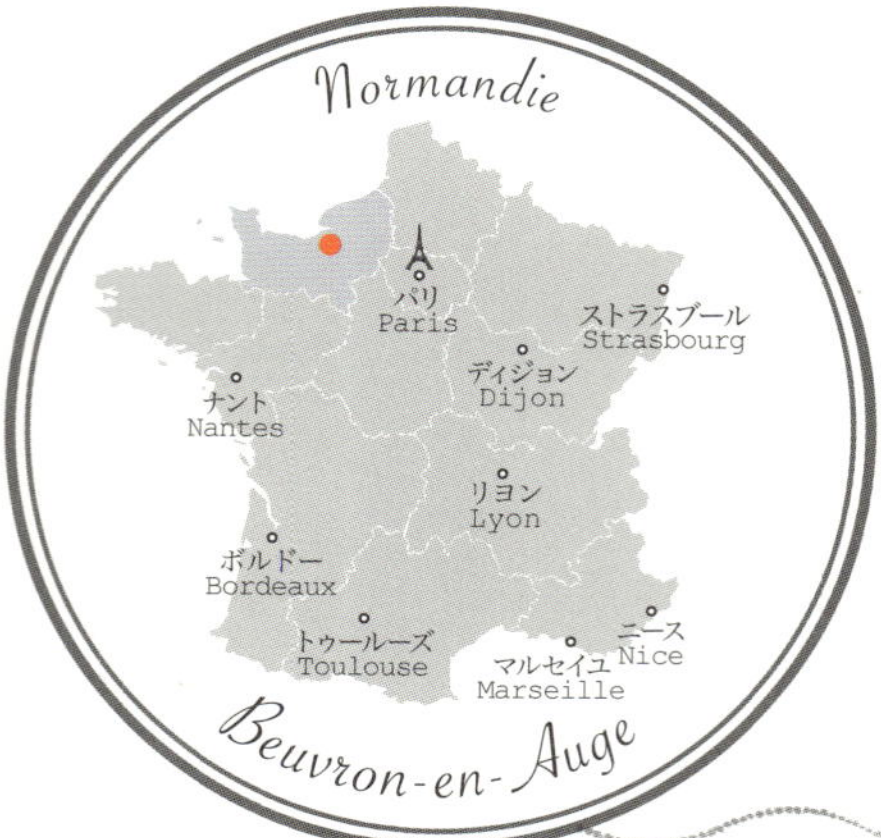

Accès

パリのサン・ラザール駅から列車で約2時間のカン駅下車。そこから車で東へ約30分。

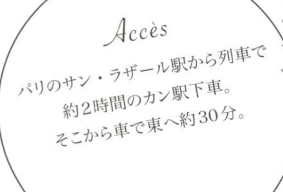

SOIF ART
POMMEAU DE NORMANDIE

ROUTE du CIDRE
CRU CAMBREMER
CAVE CIDRICOLE
Marie-Louise FOUCHER
02.31.63.01.71
100 m

BEAUFOUR - DRUVAL
Route de Druval
D 146
BEAUFOUR-DRUVAL 0.5
BEUVRON EN AUGE 7
CRESSEVEUILLE 3.5
Route du Cidre

何か物語を感じさせるような「美しい道」を探す旅をしていたとき、ノルマンディー地方である道に出会いました。「シードル街道」です。

「シードル」とは、ノルマンディーやブルターニュといったフランス北部で醸造されているリンゴのお酒。発泡酒のシードルのほかに、リンゴのブランデーともいえる「カルヴァドス」、上質のリンゴジュースにカルヴァドスを加えてつくる「ポモー」もつくられています。中でもノルマンディー地方のペイ・ドージュと呼ばれる地域はリンゴづくりが盛んで、ちょうどこの辺りを回っていたとき、シードル街道を示す標識が目に入ったのでした。

普通の案内標識なら見逃していたかもしれません。ところが、頭に添えられた真っ赤なリンゴのイラストが「ほらほらこっちだよ」と手招きしているように見えたのです。この愛らしいリンゴの絵に誘われて従ってみると、両側に果樹園が広がる道へと続いていました。沿道には試飲販売をしている農家もあるようで、「シードル、ここ!」といった表示がさらに奥へと導いています。

緑の葉の合間から見え隠れするリンゴの実は、日本のものと比べると小さく、コロンと丸くかわいらしい形をしています。リンゴはフランスでは最も生産量の多い果物で、その多くがお酒やジャムといった加工品の原料にされているそうです。中でも、軽くてさわやかなシードルは、最近特に若い人の間で人気が高まっていると聞きます。

そんなリンゴの道をたどっていくうちに、「フランスの最も美しい村」のラベルが掲げられた村に着きました。ブヴロン・アンノージュです。人口200人ほどの小さな村ですが、驚いたことに、歓迎のメッセージが日本語で書かれた看板もあるではありませんか！　後で調べてみたところ、実はこの村、パリからモン・サン・ミッシェルに向かうツアーに組み込まれることがあり、日本人グループもよく訪れるのだそうです。なるほど、駐車場が広々としているのは観光バスも立ち寄るからなのですね。

村に入ると、人気の理由がひと目でわかりました。なんとも風情ある家並みが目の前に現れたのです。家の装飾も一つひとつ凝っていて、見ていて飽きません。歴史を感じさせながらもきちんとメンテナンスされていて、村を挙げて景観を大切にしていることがわかります。

ヨーロッパ建築というと、石造りの家をイメージしがちですが、ここノルマンディー地方では、「コロンバージュ」と呼ばれる木骨組みの家をよく見かけます。ストライプ模様の美しい外観は、骨組みを外にあえて出すことで生まれたもの。特にブヴロン・アンノージュの家々は木の色にもバリエーションがあり、さらに窓辺の花々に彩られて華やかな雰囲気があります。そのいくつかは17世紀に建造されたもので、第二次世界大戦の被害が大きかったノルマンディー地方では、戦火を免れた貴重な歴史遺産といえるでしょう。

かつては皮なめしや織り物の職人たちが住み、チーズづくりも盛んだった

焼リンゴのガレット

ブヴロン・アンノージュが転換点を迎えたのは、20世紀に鉄道駅が閉鎖されたとき。職人の村としては寂れていきましたが、その後、伝統的な風景が残されていることで注目され、多くの観光客が訪れる地となりました。

メインストリートが一つあっておしまい、というくらいの小さな村ですが、雑貨屋さん、アンティークの店、レストランの佇まいなどを見て歩くだけで楽しいもの。散策の途中で、「Ｂａｒ àＣｉｄｒｅ」と書かれた看板がおしゃれな店をのぞいてみると、どうやらシードルバーではなくクレープ屋さんのようです。ちょうどお昼どき、焼きたてを1ついただきましょう。

メニューにはさまざまな具材が並んでいましたが、地元の素材や名物を使ったスペシャリテ・テロワールというグループの中から選ぶことにします。カマンベール、リヴァロ、ポン・レヴェックの3種類のチーズを使ったフォンデュに焼きリンゴが添えられたガレット（ソバ粉のクレープ）を注文。もちろん、シードルも忘れずに。運ばれてきたのは、たっぷりのチーズがとろりと溶けた一品。リンゴのお酒「ポモー」で風味づけした焼きリンゴを一緒にいただくと、チーズの塩味が和らいでまろやかになりました。辛口のシードルと合わせれば、後味もすっきりさわやかです。

クレープランチを味わった後、ホテルで飲む用にもう1本、とシードル屋さんにも寄ってみました。「ポワレ」という洋ナシを使った発泡酒も置いてあり、こちらもノルマンディー産とのこと。コルクを針金で留めただけの飾らなさが、いかにも農家直売といった感じでおいしそうです。せっかくなのでシードルと合わせて3本購入。1本4ユーロ（600円くらい）でよい旅のお供ができました。

アジサイの美しさと調和する中世の佇まい

ブルターニュ地方

ロクロナン

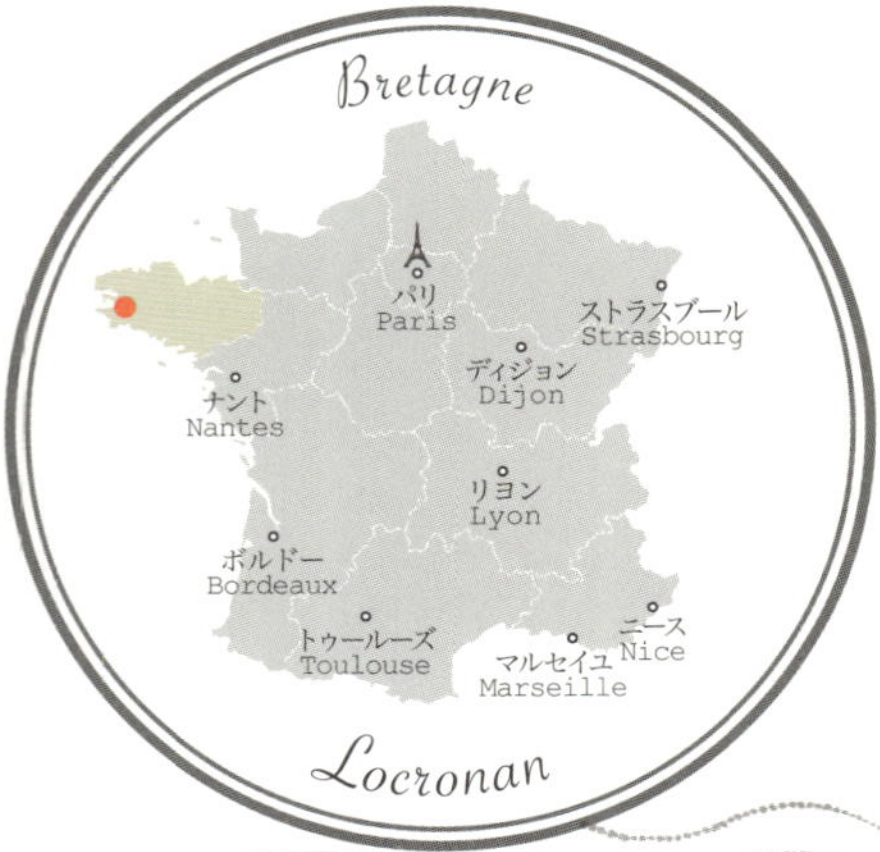

Accès

パリのモンパルナス駅から高速列車TGVで約3時間50分のカンペール駅下車。そこから車で北へ約20分。カンペール市内からバスもある。

アジサイと聞いて思い浮かべるのは6月、梅雨の季節です。雨に濡れる紫の大輪、そして大きな葉っぱの上にぴったりとくっついたカタツムリ……。

このイメージが崩れたのは7月にフランス北西部、ブルターニュ地方を旅したときでした。まさに「紫陽花」という漢字のとおり、真夏の太陽の下でアジサイが咲き乱れていたのです。とりわけ印象に残ったのはロクロナンという村。車を1時間も走らせれば、フランスの西端にあるラ岬まで着いてしまうという、西の果ての地方にある村です。

訪れたのは朝。「フランスの最も美しい村」ということもあって、駐車場には続々と車が集まってきていました。夏とはいえ、朝夕は冷え込むことの多いブルターニュ地方、スカーフを首にぐるぐる巻いて村に向かいます。家々の間からは、古びた鐘楼がそびえているのが見えました。きっとここが村の中心に違いありません。

雨が多いのでしょうか。通りの左右に続く石造りの家はところどころ黄色いコケに覆われていて、南仏の乾いた石の色とは異なる、しっとりとした色合いです。その石壁に寄り添うように花を咲かせていたのがアジサイでした。

「こんな時期にアジサイ？」

最初は狂い咲きかと思いましたが、あちこちに咲いているのを見ると、どうやらブルターニュでは今が見ごろのようです。ピンク、紫、青がグラデーションを描く様は、いつまでも眺めていたいほどの美しさ。アジサイの華やかさを引き立てるような、石壁の落ち着いた景観にも心惹かれます。

小さな村なので中心にあるレグリーズ広場にたどり着くのに、それほど時間はかかりませんでした。ここに来る途中で鐘楼だけが見えていた教会も、この広場に面しています。名前はサン・ロナン教会。ロクロナンの名前の由来ともなった聖人、ロナンに捧げられた教会で、彼の墓の上に建てられています。聖ロナンはこの地方でキリスト教の布教を行ったアイルランド生まれの聖人です。彼が布教活動を行う以前、この辺りは「ドルイド教」と呼ばれる土着の宗教が信仰されていたのだとか。

ロクロナンの人々は今も聖ロナンを敬い、この教会を大切にしています。そして、6年に1度行われる「グランド・トロメニー」という祭りでは、聖ロナンの遺骸が通った経路をたどり、村を取り囲む12キロメートルもの道を歩きます。敬虔なカトリック教徒が多いとされるブルターニュ地方ならではの伝統行事なのでしょう。

そういえば、歩いていると道端に小さな石像が道祖神のごとく置かれているのを何度か見かけました。粗削りだけれど、どこかほっこりする像たちは、守り神のように村を見つめてきたのかもしれません。

サン・ロナン教会のあるレグリーズ広場には、ルネサンス様式の古い建物も残っています。17〜18世紀、村がアマ(亜麻)の栽培と帆布の生産で栄え

サン・ロナン教会

たときの名残を感じさせる立派な外観です。1階部分はクレープ屋さんやお土産屋さんなどに改装され、観光客の人気を集めていました。

その一つ、広場近くにあった「ブルターニュ産ビールの館」なる店に入ってみることにしました。すると、店名のとおり、地ビールが棚を埋め尽くしているではありませんか！　近ごろはパリなどでビール人気が上昇中のようですが、ロクロナンを訪れた当初は、ビールにこだわるフランス人はあまり見かけなかったので、この品ぞろえにはびっくり。

地元らしいラベルをつけたビールもありました。たとえば、「トリスケル」という三つ巴のイラストは、大地、火、水を意味するブルターニュのシンボルです。「ア・ロー・ド・メール」と書かれたものは、なんと海水を使ったビール！　塩味が濃いのでしょうか。試さなかったことが悔やまれます。

村の地図を見ると、ほかにも教会があるようです。レグリーズ広場から坂道を下って訪ねてみました。その名はノートルダム・ド・ボンヌ・ヌーヴェル。15世紀に建てられた、素朴な造りの礼拝堂です。観光客もあまり来ないのかひっそりと佇んでいます。
中に入ると、ステンドグラスからの光が床を虹色に染め、思わず姿勢を正してしまいそうな神聖な空気が流れていました。祭壇に目をやれば、やはり花瓶いっぱいのアジサイが供えられています。手まり形に開いた赤い花は、薄暗い堂内を照らす明かりのようです。

礼拝堂の外には17世紀につくられたという泉があり、水たまりの水面にアジサイの花びらが浮かんでいました。聞けばアジサイの原産地は日本だとか。日本古来の花はブルターニュの陽光のもとで、この土地の風景にすっかりなじんでいました。

磯の香りと新鮮な生ガキに誘われて

ブルターニュ地方

カンカル

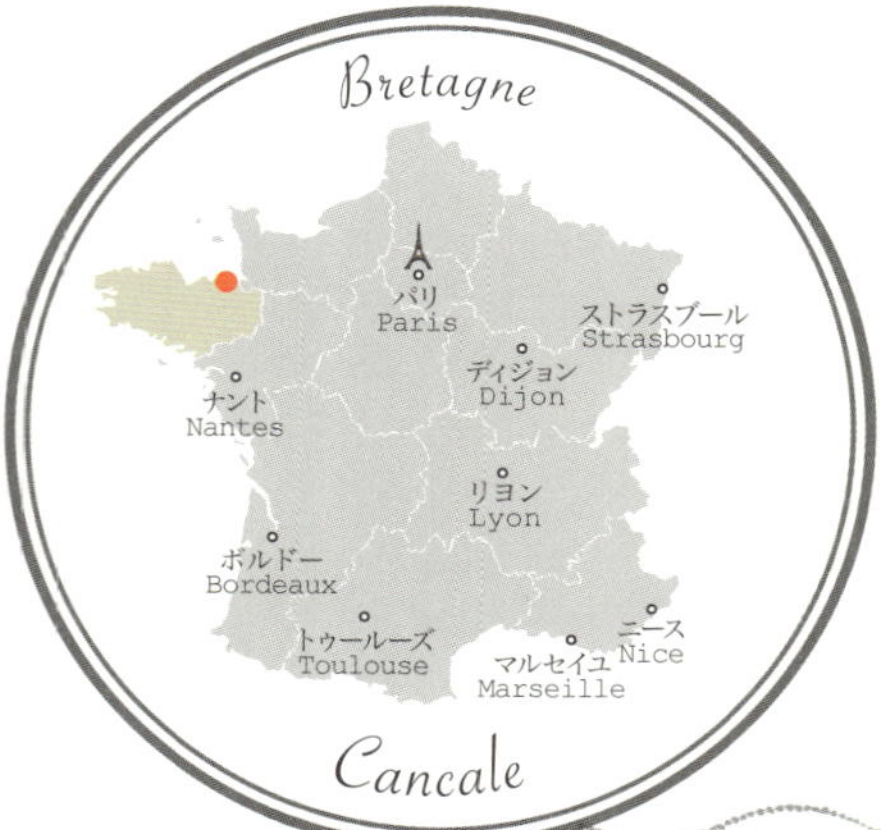

Accès

パリのモンパルナス駅から高速列車TGVで約2時間20分のサン・マロ駅下車。そこから車で東に約30分。サン・マロからバスもある。

FRUITS DE MER
VIN AU VERRE

人気のバカンス地、ブルターニュ地方をシーズン真っ盛りに訪れたとあって、海沿いの駐車場は満車状態。こんなに混雑しているのなら、さぞかしビーチはにぎわっているはずと思ったら、あれ？　現れたのはポツポツと小舟が浮かぶ浅瀬だけ。海辺のリゾートというよりひなびた漁港の趣です。でもいいんです。カンカルに来た目的は海水浴ではなく、この地の名物ですから。

それは「カキ」。実はこの村はフランスでも有数の産地。ビーチの代わりに広大な養殖場があり、ここで採れたものはパリをはじめ各地に運ばれていきます。カキが大好物の私にとっては、ゴージャスなリゾートよりずっと惹かれる場所なのです。

訪れる多くの観光客のお目当ても、もちろんカキ。海岸通りには海鮮料理のレストランが並んでいます。ちょうどお昼どきとあって、テラス席は海の幸を楽しむ人たちでいっぱい。こんな場所でゆっくり食事するのもいいな、と思いつつ、足は別の場所に向かっていたのでした。

磯の香りがより強く感じられるようになったら、お目当ての場所「カキ市」に到着です。灯台の足元、ちょうど養殖場を見下ろす位置にあり、屋台では威勢のよいかけ声が飛び交っています。西洋のことわざで、「〝R〟がつかない月にカキを食べるな」とあるように、食べごろは夏場より、旬を迎える9月からのほうがお勧めとされていて、パリの市場ではあまり見かけなくなりますが、ここでは一切関係なし。一年を通して新鮮な地物を食べられるのですから、もう思い起こすだけでヨダレが出てきそうです。

村のある湾一帯は、潮の干満差が大きいことで知られます。満潮時にはびっくりするほどのスピードで潮が満ちてきて、干潟があっという間に水に覆われることも。カンカルで育ったカキは、そんな激しさの中で鍛えられ、身が締まるのだそうです。

さっそく屋台をのぞくと、殻付きがぎっしりと入った箱がいくつも並んでいます。その多くは日本でもよく見かける、細長い形をしたマガキ。

1960年代終わりごろフランス産のカキが病気で危機的状況に陥ったことから、日本のマガキの稚貝が送られて全滅を免れたというエピソードが残っています。以来、もともと一般的であったヒラガキは希少なものとなり、ブルターニュ以外ではほとんど生産されていないのだとか。

さまざまな物語が詰まった海の恵み。さあ、今日はどれを食べましょうか。

8軒の屋台が並ぶ市場をうろうろと3周ほど回って、ようやく買う店を決めました。次はどれを選ぶかです。同じ種類でも大きさによって値段が異なるので迷うところです。販売単位は、原則として1ダース（12個）ごと。結局「クルーズ」と呼ばれるマガキを12個買いました。5〜6ユーロ、1000円でおつりがくる値段です。すべて殻付き。その場で食べるために殻を開けてもらうのに50サンチーム（約60円）、さらにレモンをつけて50サンチームプラスします。

屋台のお姉さんが専用ナイフで手際よく殻を開けて、プレートのくぼみの

SCEA QUERRIEN
PRODUCTEUR
QUERRIEN

Huîtres Creuses
de CANCALE
Sauvages
2€/pc

上に一つずつのせていきます。同じ大きさなので、ちょうど12個並ぶと均整がとれて花が開いたよう。日本では、大きさが不ぞろいのむき身をパック詰めして売っていますが、フランスでは殻付きでの販売が常識。カンカルの市を体験すると、カキを食べるトキメキは殻をむくところから始まっている！と思わずにはいられません。

半分に切ったレモンを落とさないよう、おそるおそる歩いて養殖場を見下ろす場所へ。さあ、お楽しみの実食タイムです。上の殻を取ると、ぱっと潮の香りが周囲に放たれました。固く閉じていた殻の中で、濃厚なうま味エキスがしっかり守られていたのでしょう。カキの殻、Ｇｏｏｄ Ｊｏｂ！

レモンを搾ったら、身を下の殻からはがしてひと口でぱくり。やや強い塩気をレモンの酸味が緩和してくれ、フレッシュな味わいがより強まります。連れと２人で12個なんてあっという間に完食しました。さて食べ終わった後の殻はどこに捨てるのかなと思ったら、みんな海岸にポイッと捨てているではありませんか。長い間に積もり重なった結果、この辺りはすっかりカキ浜に。これもカンカルの風物詩なのでしょう。

せっかくなので、今度は養殖ではなく貴重なソヴァージュ（天然）を食べてみることにします。その名のごとく野性味あふれる形で、荒々しい大西洋の波で侵食されたかのような、ゴツゴツとした殻に包まれています。どっしりとした身は食べ応え十分。1個でも大満足です。

聞くところによると、もっと大粒のピエ・ド・シュヴァルという種類があるのだそう。まだ食べたことがなく、これを味わうためにまた行かなくてはと、次の旅を楽しみにしています。

ところで、フランスでは生食が基本。私が愛する「カキフライ」にはお目にかかったことがありません。和食が大人気のフランスですが、むき身の料理が受け入れられるには、少し時間がかかりそうです。

森と水の村に佇む
三角屋根の礼拝堂

ブルターニュ地方

ポンタヴェン

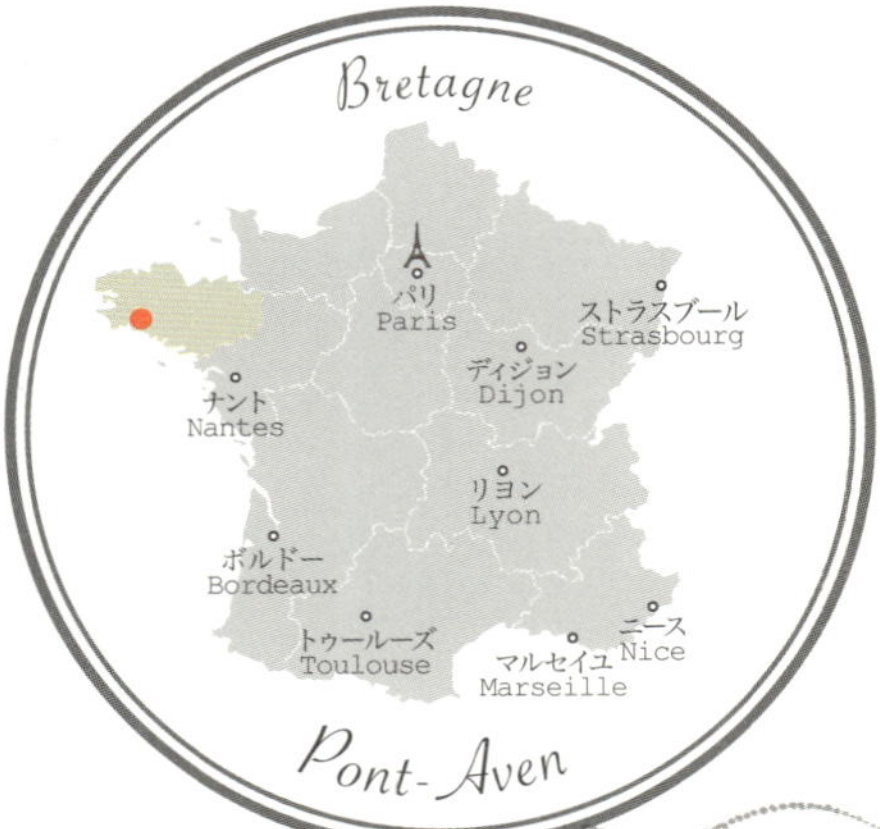

Accès

パリのモンパルナス駅から高速列車TGVで約3時間50分のカンペール駅下車。そこから車で南東へ約30分。カンペール市内からバスもある。

トレマロ礼拝堂

美術が好きな人なら、ポンタヴェンの名前を耳にしたことがあるのではないでしょうか？　昔は水車と民家があるだけの静かな村でしたが、19世紀後半にポール・ゴーギャンをはじめとする画家たちが拠点としたことで、その名が知られるようになりました。

この村には、ゴーギャンゆかりのトレマロ礼拝堂があります。村の中心部から1キロメートルほど離れた、「愛の森」というロマンチックな名前の森の近く、表示に従って進んでいくと並木道の向こうに現れました。

迎えてくれたのは、ひっそりとして薄暗い空間。地面にくっつきそうなくらい大きな三角屋根が覆いかぶさっているため、窓が小さいからかもしれません。これではよく見えないし、なんとなく心細くなったそのとき、「礼拝堂を照らしてください」と書かれた表示が目に入りました。まさに「救いの手」が差し伸べられたかのよう。

投入口からコインを入れてスイッチを押すと、照明がつくという仕掛けになっていて、いくら入れるかはその人にゆだねられています。そこで1ユーロコインを投入してスイッチをオン！　少し明るくなった礼拝堂を見上げると、ほっそりとしたキリストの木像が浮かび上がりました。

礼拝堂の中ほどに掲げられているのは、ゴーギャンの代表作『黄色いキリスト』のモデルとされる木像です。絵はアメリカのオルブライト＝ノックス美術館にありますが、パリのオルセー美術館にも『黄色いキリストのある自画像』という作品があります。

ただ、「ゴーギャン」と聞いて期待して訪れたなら、肩透かしを食うかもしれません。なぜならその木像はあまりにも慎ましいからです。ヴェズレー（28ページ参照）のサント・マドレーヌ・バジリカ聖堂で見たようなパワフルなイメージではなく、弱々しくて線の細いキリスト。ルネサンスの絵に描かれたような美形でもありません。

でも、硬い木の椅子に座って見上げていると、なぜか心が安らぎました。

それはあたかも、ひどく疲れているときにいろいろアドバイスをくれる人よりも、ただ黙ってそばにいてくれる友だちがありがたかったりする感覚でしょうか。ゴーギャンはどんな気持ちでこの像を見つめていたのでしょう。

奥の祭壇を見ると、ブルターニュ地方でよく見かけるアジサイが飾られています。花屋さんで買ったのではなく、いかにも庭先の花を無造作に生けた様子。それが、とても似合っている。この礼拝堂なら並木道に咲く野の花を添えてもしっくりきそうです。

見上げると、外からは石造りに見えた天井は板張りになっているのがわかりました。船底がひっくり返ったかのような形状ですが、素材の一部に木が使われていると、ほんのりと温もりを感じます。

木の梁に潜んだレリーフも見つけました。股の下から顔を出してアクロバティックなポーズをとっていたり、葉っぱをくわえてアカンベエをしていたり。そのユーモラスな装飾にも心が和みました。

ゴーギャンの絵のモデルとされるキリスト像

さあ、心も体もリフレッシュしたところで、ポンタヴェンの村を少し散策してみましょうか。昔ながらの水車が残るアヴェン川に沿って歩くと、ゴーギャンが絵を描いた場所にパネルが置かれています。ギャラリーやアトリエも多く、「芸術村」の伝統は今も受け継がれているように思えました。

せっかくだから、ご当地っぽいお土産も買いたいもの。5〜6世紀、イギリスから移住してきたケルト人が築いた「小ブリテン」を起源とするブルターニュでは、ケルト文化を感じさせるものがあります。たとえば「トリスケル」という三つ巴の紋章をあしらった雑貨やアクセサリーなど、ケルトをルーツに持つブルターニュ人の、アイデンティティと誇りが込められているかのようです。

バターをたっぷり使った伝統的なクッキー「ガレット」もこの地の名物。中には、ゴーギャンの絵をロゴに使ったブランドもあります。このロゴに変えてから売り上げが伸びたといいますから、西洋文明から距離を置くために最後はタヒチに移住したゴーギャンも、意図せずしてお菓子の宣伝にひと役買っているようです。

さらにぶらぶら歩いていると、甘いものよりお酒のほうが好きな私にぴったりのお土産が。「ボル」と呼ばれるシードル専用のカップです。ボトルを利用したカップスタンドも迷わず購入。このさわやかなリンゴの発泡酒があれば、暑さの厳しい日本の夏も乗りきれるような気がしています。

ワインとチーズのマリアージュ

サントル・ヴァル・ド・ロワール地方

サンセール

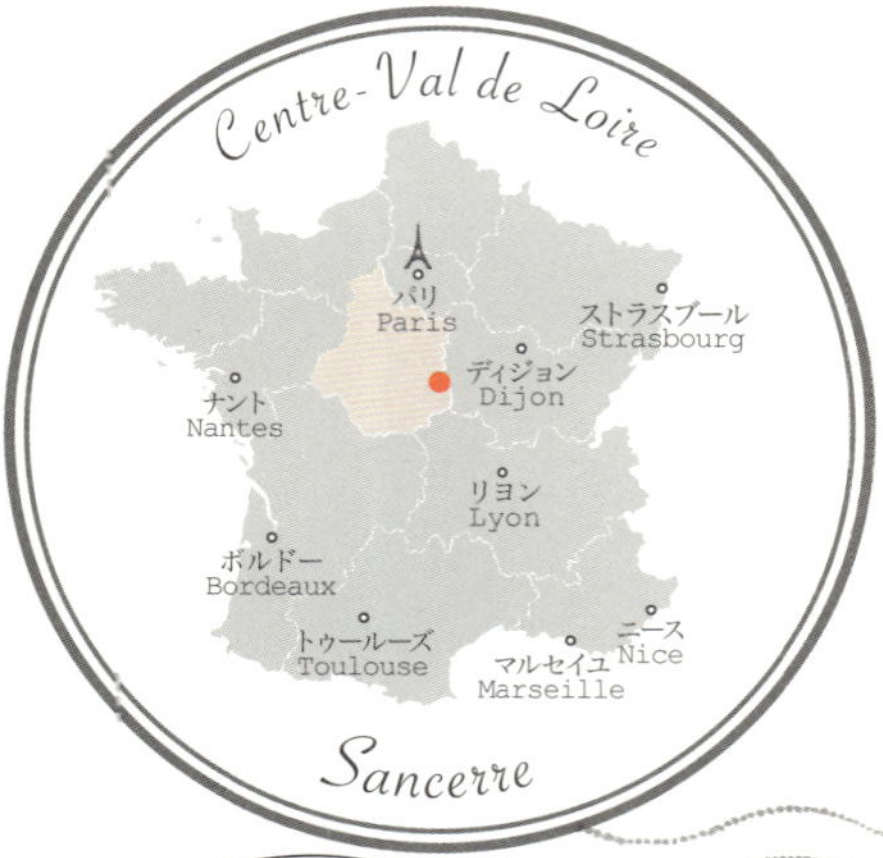

Accès

パリのオステルリッツ駅から列車で約2時間15分のブールジュ駅下車。そこから車で北東へ約1時間。

クロタン・ド・シャヴィニョルのチーズ

「ボン・パン、ボン・ヴァン、ボン・フロマージュ」という言い回しがフランスにあります。よいパンとワインとチーズがあればそれで幸せ、という意味です。そんな幸福感をちょっぴり味わうことができたのは、フランス中部、ロワール川流域一帯に広がるサントル・ヴァル・ド・ロワール地方を旅したときでした。

中央高地から発して大西洋へと流れ込むロワール川は、全長1012キロメートルとフランス最長の大河です。その広い流域には平坦で豊かな大地、そして狩場となる森が広がり、ルネサンス時代の王侯貴族たちをとりこにしました。彼らが建てた城館が点在する一帯はユネスコの世界遺産にも登録され、古城巡りを楽しめる場所として人気の観光地になっています。

そう、ロワールといえば、多くの人が連想するのはお城。でも、私にはこの地方を訪ねたい別の理由がありました。それはワイン。ブルゴーニュやボルドーと比べるとまだまだなじみの薄いロワールワインですが、穏やかな気候に恵まれた場所で、バリエーション豊富なワインがあることで知られています。未知のワインとの出会いがあるかも、とわくわくしながら旅の最初に訪ねたのはサンセール村。ロワール川流域に広がるワイン生産地の中で最も東、ブルゴーニュ地方との境にある村です。

サンセールワインは、ロワールワインの中でもきわめて知名度が高く、エレガントな味わいで愛好家たちを魅了しています。そんな人気ワインの里を訪れたのは秋、一面に広がるブドウ畑は黄金色に色づいています。その向こうにある小高い丘の上に、赤い屋根の家が慎ましやかに軒を寄せ合う村が見えました。

村に入ると、小さいながらワインショップやドメーヌ（ワイン生産者）がいくつかあり、直接購入するために足を運ぶ愛好家たちも多いようです。この日は「ドメーヌ・ラ・ムシエール」を訪問して試飲をさせてもらいました。19世紀からサンセールでワイン醸造を営んでいるドメーヌです。

サンセール村と一面に広がるブドウ畑

白ワインが注がれたグラスを鼻に近づけると、フルーティな香りが鼻孔をくすぐります。口に含めば柑橘系のさわやかな風味が広がりました。さっぱりとした飲み口で、魚介類と合わせれば相性は申し分ないでしょう。お隣のブルゴーニュのワインと比べると、値段が高すぎないのも魅力です。

ソーヴィニヨン・ブラン種のブドウを使ったサンセールの白。ブドウが育まれる畑を見せてもらうと、木の下に火打ち石のような白い石がごろごろと転がっていました。聞けば、この辺りの地中には白亜紀の石灰層が残っていて、ワインにミネラル質を与えているのだとか。

自然派農法に切り替えてから「生きた土壌」の大切さを実感したと語る、オーナーのアルフォンソさん。ロワールでは昔ながらの伝統農法や有機栽培にこだわる農家も多いと聞きます。フランスでは暮らしにビオ（オーガニック）を取り入れる人が増えていて、ロワールワインの人気もますます高まりそうな気がします。

さて、サンセールに来たらワインのほかにも味わいたいものがあります。それはチーズ。ここから車で5分、シャヴィニョル村が誇る「クロタン・ド・シャヴィニョル」です。

コロンとしたかわいらしい形をしたチーズで重量は60グラムほどしかありませんが、1個当たり750ミリリットルものヤギのミルクが使われるとあって、小さいながらその味は濃厚。シンプルにそのまま食べてもおいしいのですが、温めてサラダにのせる食べ方もポピュラーです。

合わせるワインはもちろんサンセールワイン。フランスでは相性がよいことを「マリアージュ（結婚）」という言葉で表しますが、同じ土地で育まれたワインとチーズの幸せなカップリングを味わうことにしましょう。

美しき絵ガラスに彩られた大聖堂へ

サントル・ヴァル・ド・ロワール地方

シャルトル

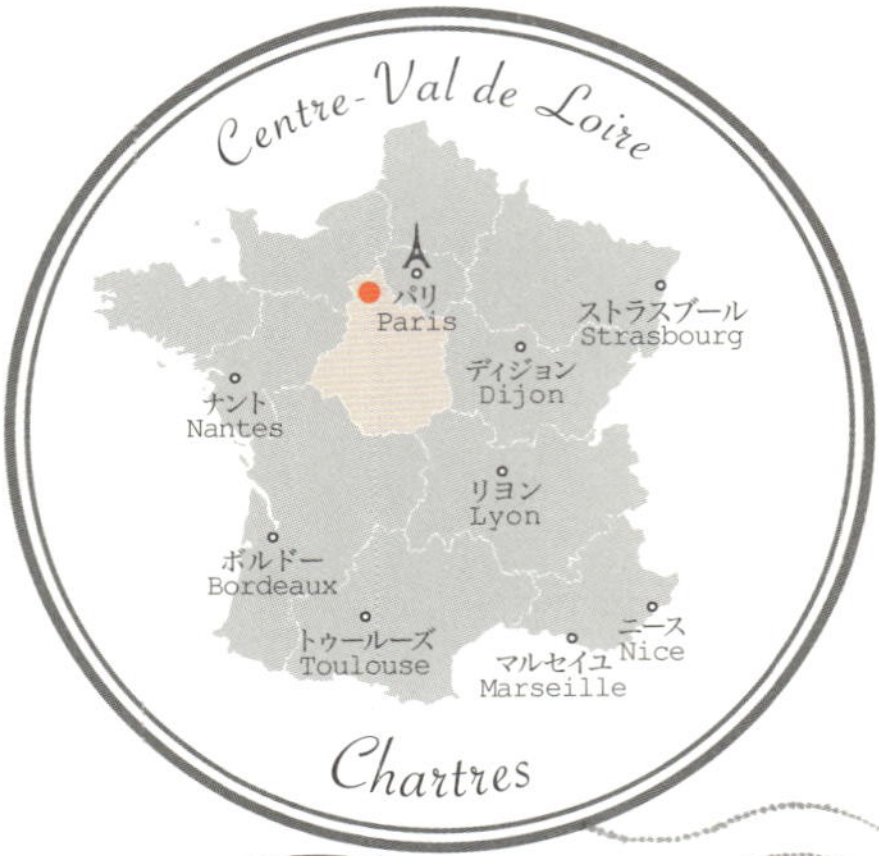

Accès

パリのモンパルナス駅から列車で約1時間15分のシャルトル駅下車。

青の色が印象的な「美しき絵ガラスの聖母」

地元で生産されたものを地元で消費する「地産地消」。日本でもこの取り組みが広まっていますが、農業大国であるフランスでは、イル・ド・フランス地方産の小麦を１００パーセント使ったバゲットに対して品質を保証するラベルが与えられる、というニュースを耳にしました。原料からまさに「メイド・イン・パリ近郊」のバゲットとなるわけですが、大都市の周りにそれだけの小麦を生産できる畑があったかしら……。

と思いを巡らせていたとき、以前見たある風景が頭に浮かびました。パリ近郊にある町シャルトルの遠景を撮れるところはないかと、車で周辺を探していたときでした。黄金に色づいた麦畑の向こうにそびえるゴシック様式の尖塔。町の姿はなく、まるで麦畑の中に大聖堂が突如現れたかのようです。

町を隠してしまうくらいの麦畑が広がっていたのは、イル・ド・フランス地方からシャルトルのあるサントル・ヴァル・ド・ロワール地方まで広がるボース平野。フランス有数の穀倉地帯が、大都会パリから遠くないところにあるのです。美術やファッションといった分野で語られることが多いフランスですが、パリから少し足を延ばすだけで、豊かな農業国であることに気づかされます。

麦畑から見えていた大聖堂の町シャルトルは、パリから列車に乗ること約1時間15分。次第に速度を落としていく列車の窓に2本の尖塔が見えたら、ほどなく到着です。ユネスコの世界遺産にも登録されているノートルダム大聖堂へは、駅から歩いて8分ほど。高台に建てられているため、遠くからだと町は麦の穂に隠れて見えないこともあるのです。

シャルトルの名前が知られるようになったのは、はるか昔、9世紀ごろ。聖母マリアが身につけていたとされる「聖衣（聖母のベール）」がシャルル2世から寄進され、以来、この聖遺物を所蔵するノートルダム大聖堂は多くの巡礼者を迎えるようになりました。

「ノートルダム」とは聖母マリアのこと。中世の時代、聖母マリアに対する崇敬の機運が高まったことで、あちらこちらに同じの名を持つ教会が生まれたのだそうです。確かにフランスを旅していると、ノートルダムがつく教会が多く、記憶が混乱しそうになります。

その中で最も世界に知られているのは、やはりパリのノートルダム大聖堂でしょう。2019年4月、大規模な火災に遭って、屋根と尖塔を焼失したときのショックは、今も忘れることができません。ただ、堅固に見える大聖堂がいともたやすく燃えてしまったことについては、実はそれほど驚きませんでした。フランスの中世建築の多くが、火災による焼失と再建を繰り返しながら今に至っているからです。

シャルトルの大聖堂も、そうした苦難の歴史をたどってきたことを、形の異なる2つの尖塔が物語っています。向かって右側はロマネスク様式の旧鐘楼。左側は建て直されたゴシック様式の新鐘楼です。とりわけ1194年の

異なる様式の尖塔を持つノートルダム大聖堂

大火では、かなりの部分が焼失してしまいましたが、大切な「聖衣」は無事でした。聖母マリアによって起こされた奇跡、と感じた人も多かったのではないでしょうか。各所から寄進が集まり、わずか20年ほどで再建を果たしたのでした。

2つの尖塔が天を射るようにそびえ、凛とした佇まいの大聖堂正面を堪能した後は、重いドアを開いて内部へ。最初はとても暗く、椅子などがぼんやり見えるだけなのですが、やがて闇を照らす淡い光がステンドグラスから差し込んでいることに気づきます。第二次世界大戦時には、爆撃から守るためすべて取り外されて、別の町で保管されていたというこのステンドグラスは、かけがえのない宝物。シャルトルブルーと呼ばれる澄んだ青を使った「美しき絵ガラスの聖母」は慈愛に満ちた表情を保ち、見ているだけで心癒やされます。

大聖堂を出てその下を流れるウール川の川辺まで下がっていくと、歴史保存地区に指定されたエリアに出ます。中世のころ、大聖堂が建つ高台には司教館があり、聖職者や富裕層が住んでいました。そして下町には職人や商人が住み、彼らの暮らしを支えたのでした。中世からルネサンスにかけての建物が残るウール川のほとりを歩くと、皮なめし通りや両替通りが現れ、巡礼の町として栄えた当時がしのばれます。

復活祭の季節には、学生たちによるパリからの徒歩巡礼も行われるというシャルトル。麦畑の向こうにそびえる大聖堂は、灯台のように巡礼者たちをずっと導き続けていくことでしょう。

特等席から眺める優美な城塞都市

ペイ・ド・ラ・ロワール地方

サント・シュザンヌ

Accès

パリのモンパルナス駅から高速列車TGVで約1時間のル・マン駅下車。そこから車で西へ約50分。

CHEMIN de
la MULE BLANCHE

1枚の写真から旅に誘われることがあります。それは、パリからそれほど遠くないところで美しい風景を楽しめる場所を探していたときのこと。まるで絵本の中から飛び出したかのような村の写真に目が釘づけとなりました。とんがり屋根の家と城壁が一体となったお城のような村。タイトルにはサント・シュザンヌとあります。フランス北西部、ペイ・ド・ラ・ロワール地方にある村で、高速列車TGVとレンタカーを合わせればうまく訪ねられそうです。思い立ったが吉日、パリから西へ向かうTGVに乗り込みました。

降り立ったのは24時間耐久レースで有名なル・マン駅。車を借りて50分ほど高速道路を走り、田園地帯を進むと、絶壁の上に村が見えてきました。

ただ、村へと続く坂道から眺めた風景は、見ていた写真とはちょっと違うのです。どこに行ったらあの絶景に出会えるのでしょうか？　困ったときはプロに聞くのが一番。観光案内所で聞いてみようと訪ねたところ、残念なことにクローズ。営業時間を見ると「14時～17時」とあります。3時間しか働かないの？　そういえば、向かいの雑貨屋さんも昼休み中で、再開は15時からとのこと。なんとものんびりムードですが、こんなのどかな自然の中で急ぎ足は似合いません。観光案内所が開くまで村を散策することにしました。

村の入り口にあった地図によると、サント・シュザンヌは城壁に囲まれた中世の村で、11世紀には征服王ギョームとの攻防戦が繰り広げられ、最後まで抵抗を続けたそうです。石畳の道の両側には石造りの古い民家が並び、その間を細い道が迷路のように何本も潜んでいます。油断したら転げ落ちそうなくらい狭い階段を上ったところは「西の塔」。中世の時代には、ここから敵を見張っていたのかもしれません。

地平線まで続く田園風景を眺めていると、天下を取った気分です。城壁に沿った散歩道もあり、ハイカーのための道しるべが川辺の水車を使った紙工房に案内してくれます。さて、そろそろ14時。観光案内所に戻りましょう。

一番乗りの私を迎えてくれたのは、マダムの笑顔でした。

「きれいな写真が撮れるところに行きたいんです！」

「そうねえ」と言ってマダムが地図を広げて指したのは、城壁沿いにあるビューポイントです。

「いえいえ、撮りたいのはこの村なんですよ」

そのとき用意してくれた村のパンフレットの開いたページに、村を背景にピクニックをしているカップルの写真が。まさに「ここ！　ここですよ！」。目を輝かせたのが伝わったのでしょうか。

「あぁ、この風景ならテルトル・ガンヌの丘から撮れるわよ」

マダムに行き方を教わり、急いで車に乗り込みます。午後の陽光が降り注ぐ昼下がり、逆光になっていないことを祈りつつ、その場所に向かいました。


くねくねと曲線を描く山道をたどること約5分。テルトル・ガンヌという標識と駐車スペースらしきものが見えました。ここで車を置き、歩いて展望スポットに向かうようです。枯れ葉が積もった地面をかさこそと踏みしめな

CHEZ DENIS
Bistrot depuis 1830
CAFÉ DES TOURS
Senteurs et Charme d'Antan

Senteurs
et Charme
d'Antan

がら歩いていくと……ありました！　写真で見たとおりの村の全景が。背景に広がる青空には真っすぐ伸びる飛行機雲がクロスし、「やったね！」と祝福してくれているかのようです。高い丘の上にのっかった様子は、まるで村をリアルに再現したミニチュアのよう。かわいらしさの中に、どこか凛としたものを感じるのは、かつて城塞都市だった面影があるからでしょうか。

村が真正面に見える位置にはベンチが置かれていました。何十年も人生をともに歩いてきたという雰囲気のカップルが腰をかけ、眺めを楽しんでいます。うっそうとした森の中にあっても、ベンチの前だけはきれいに枝が刈られており、視界を遮るものは何もありません。村を歩いているときも感じましたが、サント・シュザンヌの人たちが、景観を守るためにどれほど力を注いでいるかわかります。

再び村に戻ると、観光案内所の向かいにある雑貨屋さんがオープンしたところでした。ロバをかたどった看板が気になって入ってみると、石壁や木の梁がむき出しになった古民家の趣。壁にかけられた白黒の古い写真が、建物の歴史を物語っていました。お勧め商品は、自家製のロバミルク石けんのようです。そういえば以前、バスク地域のオーベルジュ（宿泊できるレストラン）でロバミルク配合のボディソープを使ったことを思い出しました。シャワーの後もしっとり感が続き、保湿力の高さを実感した優れもの。いいお土産になりそうです。25年間ずっと、夫の手づくりの石けんを売り続けているという店のマダム、お肌はきっとツルツルに違いありません。

　聞けば、この村で醸造されているクラフトビール「ラ・シュザネーズ」もあるとか。アルコールが飲めない人には、同じ場所で製造されたレモネードもあるそうです。今回は残念ながら飲みそこねましたが、次回訪問の楽しみにとっておきましょう。

フランス一を誇る
美しい屋根の風景

オーヴェルニュ・ローヌ・アルプ地方

ミルマンド

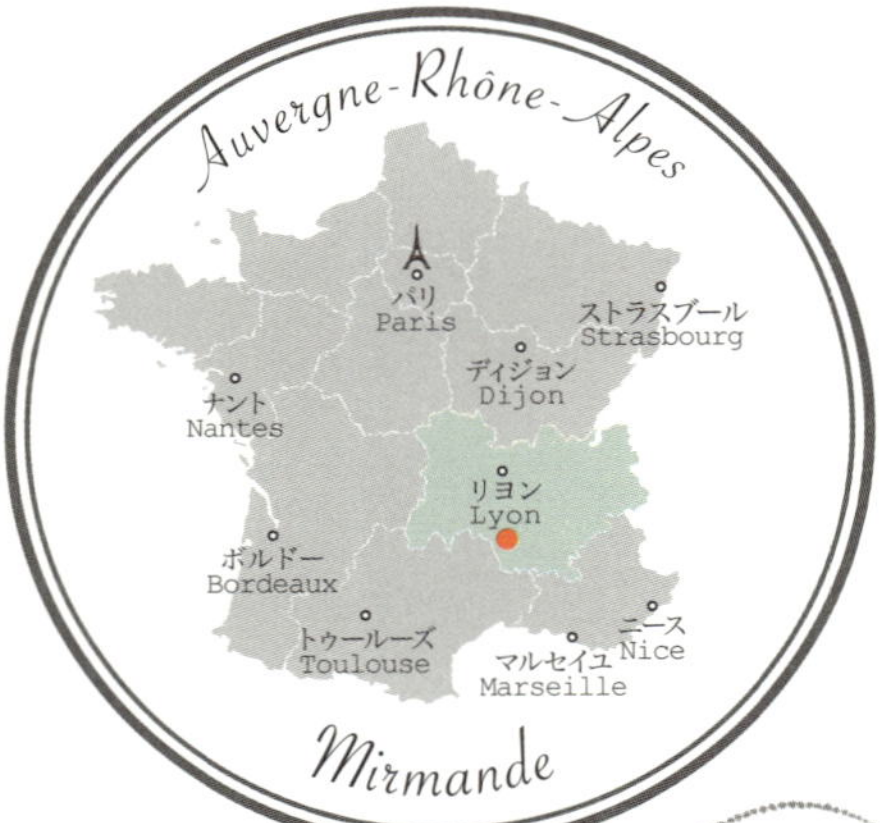

Accès

パリのリヨン駅から高速列車TGVで約2時間のリヨン駅下車。そこから車で南へ約1時間40分。

DALVA DUARTE
JEAN-LOUIS MONNET

サザンカとツバキの違いもわからない私が、モミの木とエピセアの木（トウヒ）を見分けられるようになったのは、フランシュ・コンテ地方の森を旅したときでした。成長した木を比べると、マツカサ（球果）の形が全く異なるのです。では、さっきから車窓の外に延々と続いているのは何の木なのかしら。ピンク色の花がちょうど満開となったところで、お花見気分にさせてくれているあの木々です。３月下旬に咲くのはモモ？　それともアンズ？

もやもやした気分を抱えたまま、目指す村に到着しました。フランス南東部、オーヴェルニュ・ローヌ・アルプ地方にあるミルマンドです。小高い丘の斜面に、淡いベージュ色の石で築かれた民家が連なり、頂にはサント・フォワ教会があります。元は要塞の村だったのでしょう。城壁や塔が一部残り、その一角にあるゴルチエ門が村の中心部への入り口となっています。

門をくぐると石畳の坂道が続き、中世の騎士が歩いていてもおかしくない風格が漂います。映画『レ・ミゼラブル』の冒頭部分が撮影された南仏のグルドンなど、昔の家並みがそのまま残るフランスの村は、映画やドラマのロケ地としてもよく使われます。ミルマンドも、いつか舞台を提供する日がくるかもしれません。

坂道の両側に建つ家々は古いながらもきちんと手入れされ、村を挙げて美観を大切にしていることが伝わってきます。調べてみると、そのきっかけをつくったのはアンドレ・ロットというキュビスム（立体派）の画家でした。1920年代、彼は友人や弟子たちに声をかけて、毎年夏になるとこの村に集い、制作や指導を行いました。やがて、ミルマンドは現代画家たちに広く知られる場所となり、彼らのアトリエも開かれるようになったのです。村には今もいくつかギャラリーがあり、芸術村としての伝統は脈々と受け継がれています。

もう1人、この村の景観に寄与した人がいます。それは著名な火山学者であり、ミルマンドの村長も務めたことのあるアルン・タジエフ。シンポジウ

お土産に買ったハーブティー

RESTAURANT
MARGOT
Café
Margot
Restaurant

ムや討論会の収益が、サント・フォワ教会やいくつもの通りの修復に充てられたことで、「フランスの最も美しい屋根」を持つ村と讃えられることになったとか。全景を見たとき、屋根の高さがそろって統一感のある村だと感じたのは、そのせいだったのですね。

シーズンオフとあって人の往来が少ないひっそりとした通りを歩いていると、奥まったところにお店らしきものを見つけました。入ってみると、この辺りの名産品を販売しているようです。ハーブティー、クリのペーストなど、どれもおいしそう。芸術村らしくアート作品のようなラベルが貼られたワインも気になります。何かお土産になるものはないかな、とさらに見ていくと、棚の上にアンズのジャムがあるのを発見しました。ということは、村への道すがら眺めたピンク色の花は、アンズの花だったのか！　と一人納得。でも、念のためほかの人にも尋ねてみようかと、ゴルチエ門の近くにある観光案内所に入ってみました。すると、販売している絵葉書の中に、ピンク色の花の写真を使用したものがあるではありませんか。これはラッキー！指さして、この花は何か尋ねてみました。返ってきた答えは、

「ペッシュ（モモ）！」

え、そうなの？

「花を見るより、食べるほうが好きだけどね！」

結局、木々の花はモモかアンズかわからずじまい。次回は実をつけるころに訪れてみたい気持ちです。

伝統の祭りに沸く ワインの里

ヌーヴェル・アキテーヌ地方

サンテミリオン

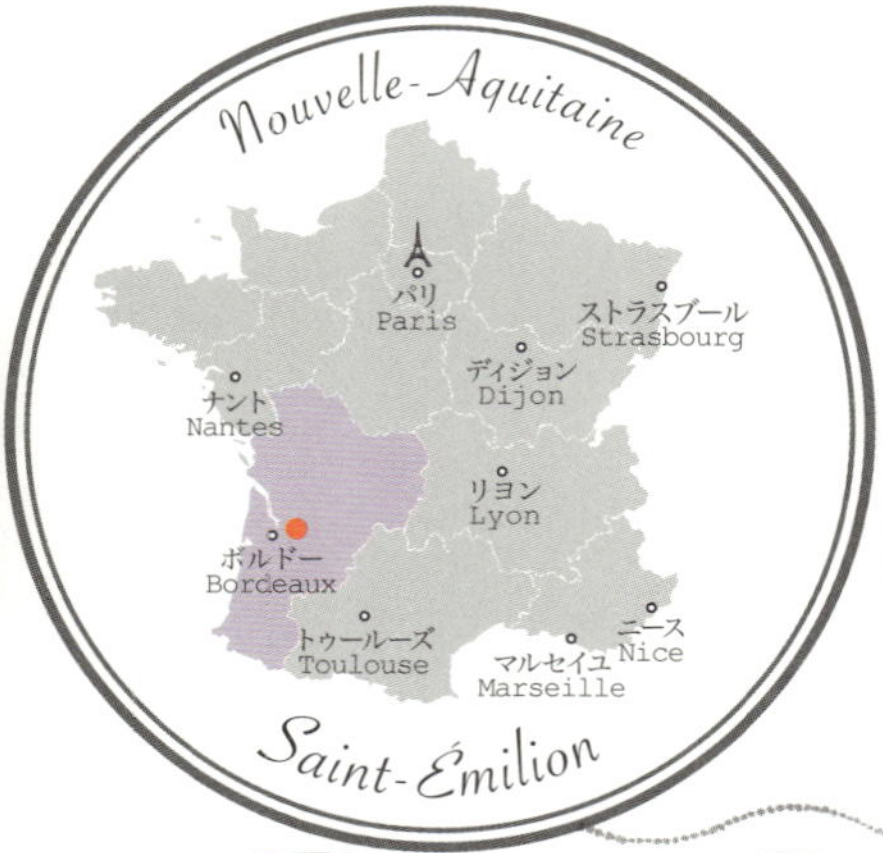

Accès

パリ・モンパルナス駅から高速列車TGVで約2時間10分のボルドー・サン・ジャン駅下車。乗り換えて約40分。駅から村までは徒歩約20分。車ならボルドーから東へ約50分。

一枚岩をくりぬいて建てられたモノリス教会

フランスの村の話をすると、「ふーん、そんな村があるんだ」という顔をされることが多いのですが、ときどき「あ、名前を聞いたことがある」という反応が返ってくることがあります。フランスを一度も旅した経験がなくても、チーズやワインの銘柄として、自然と村の名前に親しんでいる場合があるからです。サンテミリオンもその一つ。ボルドーワインの高級銘柄として知られていますが、その故郷がこの村。フランス西部、ワインの都ボルドーから東へ40キロメートルほど行った、のどかな場所にあります。

村の名前は8世紀にブルターニュ地方からやってきた修道僧、聖エミリオン（サンテミリオン）が、洞窟を掘って隠とん生活を送ったことに由来しています。数々の奇跡を起こしていたといわれる聖エミリオンには、弟子だけでなく、今でいうフォロワーも多かったようです。聖人の死後も彼らは村にとどまり、その後、地下の一枚岩の石灰岩をくりぬいて教会を建てました。「モノリス（一枚岩）教会」と呼ばれ、世界でも珍しいものとのこと。この教会を中心に発展した村の歴史地区は、村周辺のブドウ畑と合わせて、1999年にユネスコの世界遺産に登録されました。

このモノリス教会、予約制のガイド付きツアーでのみ見学が許されています。つまり、普段は自由に見学することができないのですが、特別に一般公開される日があります。それは、9月の第3週末。「文化遺産の日」として、ヨーロッパ中でさまざまな施設が特別公開される日です。調べてみると、サンテミリオンでは、ちょうど「ブドウの収穫宣言」を行う日と重なっているではありませんか。これは大きなお祭りとなるはず。せっかくの機会、この日を狙って訪ねることにしました。

村に着いたのは祭りの前日。広大なブドウ畑を見下ろす場所に、中世さながらの家並みが残るサンテミリオンがありました。巨大な岩盤の上にある村で、淡いベージュ色に染まる家々の多くが、周辺で採石された石灰岩でつくられています。

石灰岩と粘土で構成されたこの村の土壌はミネラルが豊富で、ワインづくりに理想的といわれます。1本10万円を超えることもある高級ワイン「オーゾンヌ」や「シュヴァル・ブラン」もこの地区の生まれと聞けば、村を取り巻く畑のブドウもどこか誇らしげに見えてきます。

もっとも、高級ワインの里といっても、村に気取ったところは全くありません。グラスで楽しめる気軽なワインバーやショップがあちらこちらにあり、はしごをしたくなる雰囲気。郊外に宿をとってしまったことが悔やまれました。村の中のホテルに泊まれば、帰りの運転を気にせずワインを心おきなく飲めたのに。

ワイン好きなら間違いなくすてきな時間を過ごせるサンテミリオンですが、この村はお酒が苦手でも散策を楽しめるところも魅力。なぜなら村そのものの景観がとても美しいからです。

とりわけ、私がこの村で惹かれたのは「坂道」。起伏があるうえ、細い路

赤いローブをまとったジュラードの行進

地が迷路のように入り組むこの村では、思いがけない場所で急傾斜の坂道に出くわします。急な坂道ならフランスのほかの村にだっていっぱいあります。でも、サンテミリオンでは細い石畳の坂道の両側にレストランのテラス席やお菓子屋さんが並んでいたりして、なんともチャーミングなのです。上り坂も苦になりませんが、あまりよそ見をすると滑り落ちそうなくらい急なので、手すりにしっかりつかまることをお勧めします。

さて、祭りの当日となりました。プログラムを見ると、午前9時のセレモニーから始まるようです。会場の一つになる市庁舎前に行ってみると、鮮やかな赤のローブをまとった人たちがすでに集まっていました。彼らは「ジュラード」と呼ばれる参事会のメンバー。ワインの品質管理のために選ばれ、ブドウの開花（6月）と収穫（9月）の宣言をする役目も担っています。

市庁舎でのセレモニーが終わると、お祭りのハイライトでもあるジュラードの行進が始まりました。ブドウの房が入った籠を持つ地元の少年少女たちを先頭に、バグパイプの音色に導かれながら石畳の道を練り歩きます。真っ赤なローブが中世の家並みに映えてなんとも艶やかなこと。

行進がひととおり終了した後、モノリス教会で新しい参事会メンバーの名が読み上げられます。一般の見学客も見守る中、一枚岩の教会内に厳かな空気が満ちていきました。お祭りのフィナーレ、村の塔の上での「収穫宣言」が終わると、サンテミリオンは収穫の季節を迎えます。

畑でたわわに実っていた誇り高きブドウたち。どんなワインへと熟成されていくのでしょうか。

村中がトウガラシ色に染まる

ヌーヴェル・アキテーヌ地方

エスプレット

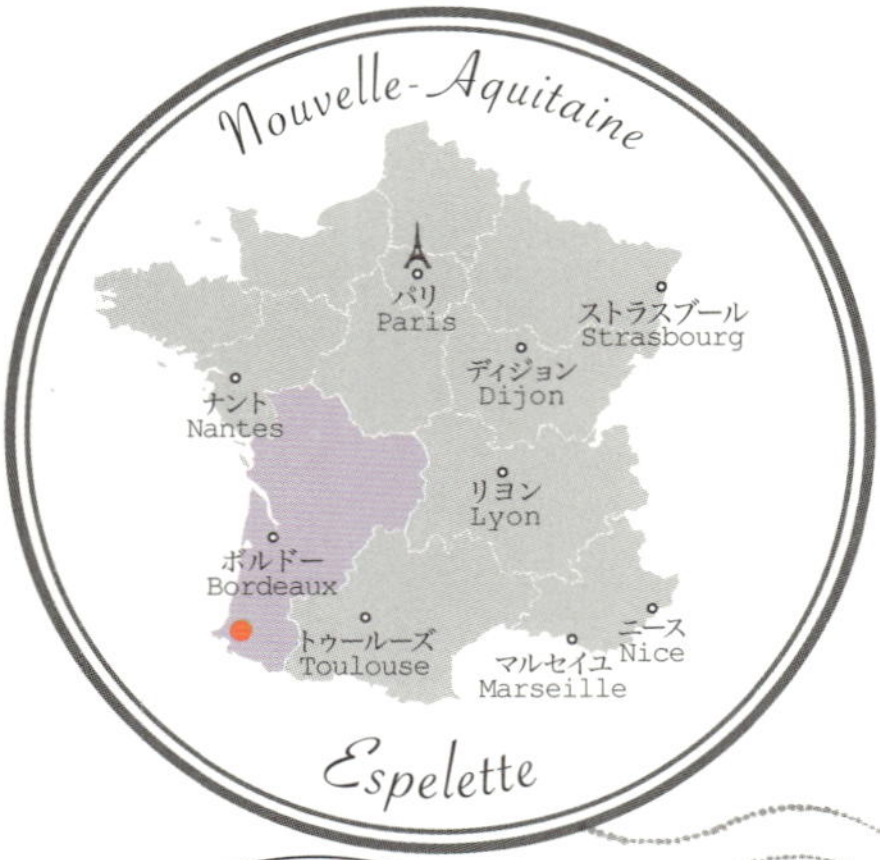

Accès

パリのシャルル・ド・ゴール空港またはオルリー空港から飛行機で約1時間20分のビアリッツ・ペイ・バスク空港へ。そこから車で南へ約30分。

バスクのシンボル「バスク十字」をあしらった鍋敷き

どちらかというと辛党で、スイーツよりお酒を選んでしまう私がどっぷり甘いものに浸る日があります。それは、チョコレートの祭典「サロン・デュ・ショコラ」。毎年のようにパリに出かけてチョコに囲まれた一日を過ごします。
昨年の秋、会場を回っていると、フランス西部のバスク地域を旅したときに訪れたチョコレート屋さんのブースを見つけました。試食用に差し出されたチョコを口に含むと、コクのある甘みが口内に広がった後、ピリッとした辛みが舌を刺激。ああ、これはトウガラシ入りのチョコだな、と気づいたとき、その故郷であるエスプレット村の風景が脳裏によみがえりました。

「バスク風○○ケーキ」といったコンビニスイーツが登場するなど、日本でも徐々に知られるようになってきたバスク。ピレネー山脈の西端、フランスとスペインにまたがる一帯を指し、歴史・文化的背景からこう呼ばれています。古代ローマ時代からこの地に暮らすバスク人たちは、支配者に屈することなく、独自の言語と文化を守り続けてきました。近年はスペイン側のサン・

セバスチャンが美食の町として知られるようになったことで人気が急上昇、フランス側フレンチバスクへの関心も高まっているようです。

フレンチバスクの魅力は海と山の両方を楽しめること。大西洋に面したリゾートの顔を持ちながら、一方で雄大なピレネーの山懐に抱かれる場所でもあるのです。エスプレットは後者、つまり山バスクに点在する村の一つです。

ここを初めて訪れたとき、その個性的な家並みに驚かされました。トウガラシの里であることは知っていました。きっと、多くのフランス人にとってもなじみの名前に違いありません。なにしろ、ここでつくられる赤い香辛料は「ピマン・デスプレット（エスプレットのピマン）」と呼ばれ、パリのスーパーでも売られているほどポピュラーなのですから。トウガラシを使った名物が買えるかしら、くらいの気持ちで行ったところ、名物どころかそれが村の風景の一部となっているではありませんか。

窓枠やよろい戸が赤や緑で統一されたバスク特有の民家だけでなく、ホテルやレストランでも、壁にトウガラシがびっしり吊り下げられているのです。日本のものよりずっとサイズが大きく、赤黒い色合いで存在感十分。屋根の下や窓辺にも飾りつけ、まるで競い合っているかのようです。

後で調べたところ、現在は衛生上の問題もあって工場で乾燥させるとのことですが、昔からの景観を守るために吊るす習慣が残っているのだそうです。収穫直後なら真っ赤なトウガラシが白壁を飾り、より鮮烈な眺めとなることでしょう。もっと知りたくなって生産と直売を行う「アトリエ・デュ・ピマン」を訪ねてみました。

「400年間、同じ方法でつくっているよ」とご主人が話すように、この地でトウガラシの栽培が始まったのは17世紀のこと。〝新大陸を発見〟したコロンブスに付き添っていたバスク人が、メキシコから持ち込んだのがきっかけといわれています。最初は薬として用いられましたが、そのうち、肉やハムを保存するための香辛料として使われるようになり、品質も高められてい

トウガラシのピアス

トウガラシ入りのチョコレート

きました。当地の気候がトウガラシの栽培にとても適していることがわかり、生産量も増えていったそうです。

２０００年には原産地と品質を定めた認証制度ＡＯＣ（２００９年にはＥＵの認証制度ＡＯＰ）に認定されます。この結果、バスクの特定地域でつくられ、検査に合格したものだけが「ピマン・デスプレット」を名乗れるようになりました。厳しい品質管理のもとで栽培され、すべて手摘みで収穫されるとあって、ご主人いわく「フランス唯一の国産香辛料」とのこと。

籠いっぱいに詰められたトウガラシは、つやつやとして鮮やかな赤色が特徴です。粉末になったものは「ピペラード」と呼ばれるバスクの鶏料理に欠かせないのはもちろん、魚のソテーやカルパッチョの上にさっと振るだけで見た目にも美しく、料理の彩りにひと役買っています。バニラアイスにほんの少し添えたら、味のアクセントになるでしょう。日本のものと比べると辛みがマイルドなので、辛いものが苦手な人でも安心して味わえそうです。

村にはほかにも特産品を売る店が並び、塩とミックスした調味料からジャムまで販売していました。食品だけではありません。トウガラシをモチーフにしたユニークなアクセサリーも売られています。

村の入り口近くには、サロン・デュ・ショコラに出展していたチョコレート屋さんもあります。トウガラシ入りチョコのほかに、やはりバスク名物であるサクランボジャムの入った商品もあり、いずれも、自然の甘みを生かした名品です。

10月最終週には大きな祭りが開かれるというエスプレット村。トウガラシファンが集結し、大変な盛り上がりを見せるのだとか。伝統的なバスクの衣装に身を包んだ楽隊も登場すると聞けば、また行きたい気持ちに駆られます。

ロルロージュ門(大時計門)に続く道

大地を見下ろす「天空の村」へ

オクシタニー地方

コルド・シュル・シエル

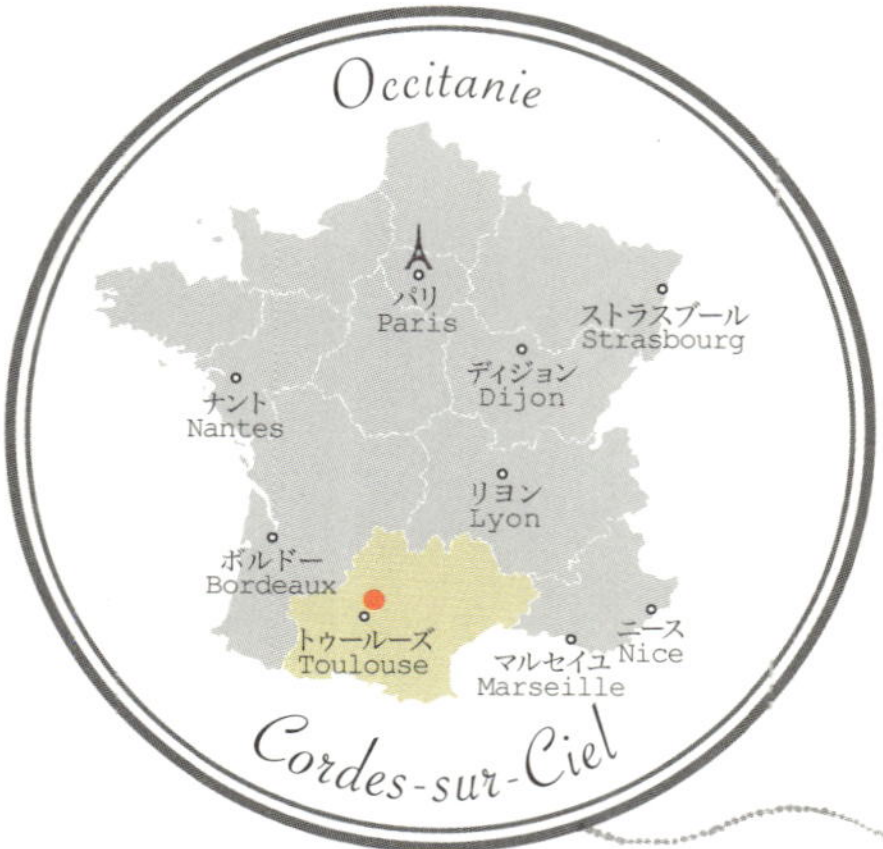

Access

パリのモンパルナス駅から高速列車TGVで約4時間半のトゥールーズ・マタビオ駅下車。地域圏急行TERに乗り換えて約1時間のアルビ駅下車。そこから車で北西へ約30分。

Les délices du

息を切らせながら小石の転がる山道を上って10分ほど、やっと開けた視界の先にご褒美のような絶景が待っていました。現れたのは、広大なオクシタニー地方の大地に佇むコルド・シュル・シエル、訳せば「天空のコルド」。日本にも「天空の城」と称される名所がありますが、ここはモニュメントではなく村。石造りの民家が山の斜面を覆うように建っています。

村の歴史は13世紀までさかのぼります。その頃、この辺りはまだ「フランス」ではありませんでした。現在のオクシタニーからプロヴァンスに至る一帯を治めていた、トゥールーズ伯の領地に属していたのです。

領土争いやら、十字軍の派遣やらで、領主にとって心穏かではない時代でした。1222年、当主であったレイモン7世は、ここに「バスティード」と呼ばれる城塞都市を築きます。なにしろ村の周囲は、今立っている高台を除けば、平坦な大地が延々と続きます。遠くからやってくる敵も、すぐに見つけられたに違いありません。

きっとその当時と変わらない陽光が、高台で眺める私にも降り注ぎます。さあ、息も整いました。朝市でにぎわう麓のブティユリ広場まで戻り、今度は村の頂を目指すことにします。

さて、坂道を上り始めたものの、なかなか村の中心にたどり着きません。途中で路上に掲げられていた地図を見たところ、どうやら大回りをしてしまったようです。思いのほか時間がかかってしまいましたが、寄り道も迷い道も旅の一部。民家のさりげない装飾などを楽しみながら、迷路のように入り組んだ道を進み、ようやく村の中心らしきブリード広場に出ました。

ブリード広場の一角は展望台になっていて、眺めを楽しむ観光客の姿もちらほら見かけます。3月下旬というシーズンオフにも関わらずこれだけの人が来ているとは、なかなかの人気観光地のようです。

村の中心部にある観光案内所も開いていました。よかった。聞きたいことがあったのです。それは今朝、宿泊したホテルの朝食ルームで見つけた「コルドのお菓子」についてでした。

「あぁ、クロッカンね。それなら砂糖芸術博物館のブティックで買えるわよ」

聞けば、砂糖細工を展示した博物館とのこと。さっそく行ってみると、入り口を入ってすぐのところにありました！　アーモンドが入った薄焼きのお菓子が。

試食させてもらうと、カリカリッと香ばしく素朴な味わいです。この地方全域で同じようなお菓子がつくられるようですが、コルド・シュル・シエルのクロッカンはおせんべいみたいに大きいのが特徴。同じ南西部地方でつくられたガイヤックワインの白にも合うのだとか。

そういえば、地元産ワインの看板を掲げた石造りの古い建物を見かけました。村を歩いていると、13世紀から14世紀に建てられた市場跡や民家が次々と登場し、これらの歴史的建造物が何百年もの間、大切に守られてきたことに驚かされます。

名物のクロッカン

電話ボックスをミニ図書館に再利用

多くの人の歩みを受け止めてきたせいか、表面が滑らかになっている石畳を転ばないよう踏みしめながら下っていくと、城壁に設けられたロルロージュ門（大時計門）に出ました。ここからパテール・ノステール（主の祈り）と名づけられた石段が続きます。中世の人たちは祈りを唱えながらこの石段を上ったのでしょうか。また訪れることがあれば大回りをせずに、ここから村に入ろうと心に誓います。

さて、再び村の麓に下りて駐車場に向かう途中、面白いものを見つけました。電話ボックスがなんとミニ図書館になっているのです。実はフランスでは携帯電話の普及に伴い公衆電話が撤去され、町中で見かけることはなくなりました。そんな中、使われなくなった電話ボックスを図書館として再利用するプロジェクトが広まりつつあるのだとか。要らなくなった本を持ち寄り、無料で貸し借りするこのシステム、本棚そのものもリサイクルとは、エコでおしゃれなアイデアに脱帽です。

さらにしばらく行くと名産品と書かれた店があり、ちょっとのぞいてみることにしました。ワインやパテなどの加工品が所狭しと並んでいます。もちろん、クロッカンも置いてありました。しかもよく見れば村で買うより安い！　残念ながらクロッカンは買ってしまったので、ほかに何かないかしらと見ていると、ビールの棚を見つけました。やはりこの辺りで醸造されたものだそうです。南仏で地ビールを見かけるのは珍しく、興味津々。フルーティなものと、より風味の際立つＩＰＡ（ホップを通常より多く使ったインディア・ペール・エール）を購入しました。

車に乗り込み、ふとスマートフォンのヘルスアプリを見ると、今日はなんと2万歩以上歩き、上った階数は55階と出ているではありませんか！　高層ビル1棟分歩いた一日の終わり、ご当地ビールで喉を潤すのを楽しみに、村を後にしました。

チーズを育む洞窟の風に触れて

オクシタニー地方

ロックフォール・シュル・スールゾン

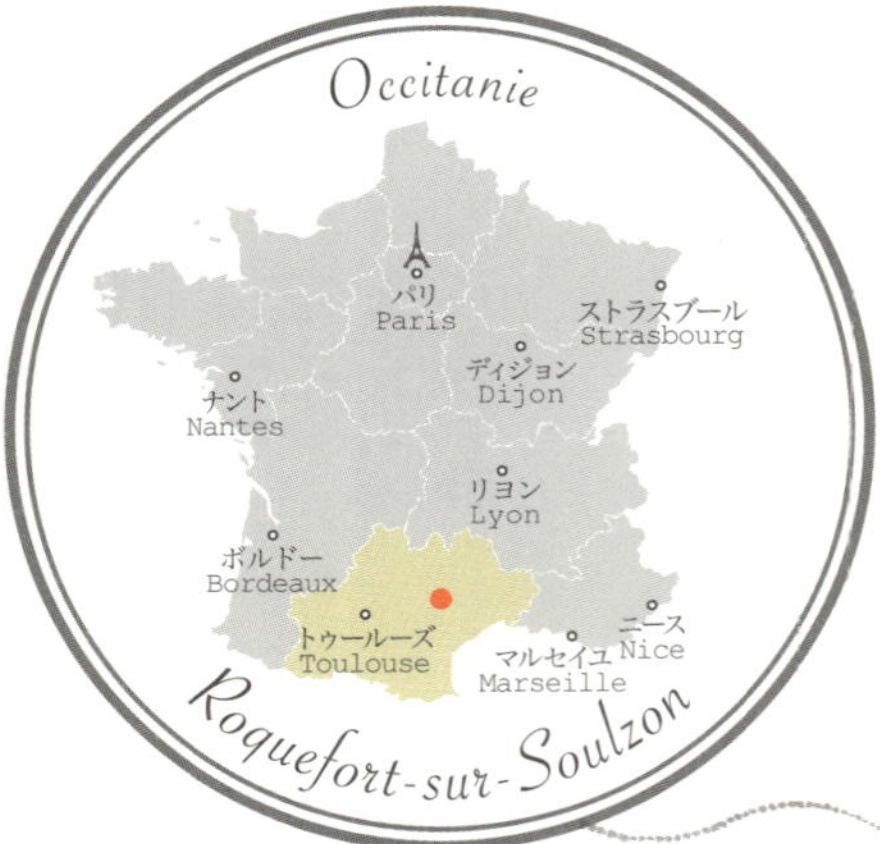

Accès

パリのシャルル・ド・ゴール空港またはオルリー空港から飛行機で約1時間20分のモンペリエ・メディテラネ空港へ。そこから車で北西へ約1時間30分。

ROQUEFORT
SOCIÉTÉ
SOCIÉTÉ
SURCHOIX

SOCIÉTÉ

昔々、一人の羊飼いが、ライ麦パンと羊乳でつくったチーズで昼食をとろうと洞窟の中に入りました。すると、美しい女の声が聞こえてきて、羊飼いはパンとチーズをそのまま残し、声の主を追います。後日、羊飼いが洞窟に戻ると、そこには青いカビで覆われたチーズがありました。試しに食べてみると、驚くほどおいしいではありませんか。

11世紀にはすでに書物に登場し、その歴史と味わいから「チーズの王」とも称されるブルーチーズ「ロックフォール」は、こうして生まれたと語り継がれています。その故郷がフランス南西部、オクシタニー地方にあるロックフォール・シュル・スールゾンです。伝説の洞窟とはどんなところなのでしょう。ちょうどこの辺りを回る計画を立てていたところ。チーズ熟成庫の見学ができると聞いて、寄ってみることにしました。

あいにくの雨の中、標識をたどって村に到着しました。民家のすぐ背後に高く切り立った崖が迫り、その石の層が積み重ねてきた時間を物語っています。村の中央を貫くロラ大通り、フランソワ・ガルティエ大通り沿いにはチーズメーカーがいくつかあります。その中で150年以上の歴史を持つ「ソシエテ」を見学することにしました。入り口にある表示は「10時オープン」。あと10分ほど待てば入れそうです。

やがて、教会の鐘が鳴り響き、10時になったことを知らせてくれました。ところが目の前のシャッターは閉まったまま。数人のスペイン人観光客と一緒に冷たい雨が降る中待つこと5分、やっと扉が開きました。寒さに震えながら早く開けてよ、と少しいら立っていた私とは対照的に、スペインの人たちは落ち着きはらっています。時間どおりにいかないことに慣れているのかもしれません。

年代もののポスターが貼られたサロンでさらに30分待った後、ようやく見学ツアーが始まりました。最初の部屋で見たビデオによると、ロックフォール・シュル・スールゾンは、大昔の地殻変動によって岩山の一部が崩落した場所につくられたとのこと。村の背後に崖がそびえていたのは、そのためです。

チーズメーカーの「ソシエテ」

円錐形のお菓子「ガトー・ア・ラ・ブロッシュ」

この地殻変動でもう一つできたものがありました。それは天然の洞窟です。季節を問わず、10度前後の気温と岩に染み込む水によって湿度95パーセントが一定に保たれている洞窟は、チーズを熟成するのに理想的な環境でした。こうして静かな村の地下は、巨大なチーズ熟成庫となったのです。

暗い洞窟の中を歩きながら、まるで探検をするかのごとく見学ツアーは進んでいきます。岩を伝って落ちてくる水滴で滑らないよう、足元に気を配りながら歩いていると、ふとガイドさんが立ち止まりました。

「ここに手を入れてみてください」

ガイドさんに促されて岩と岩の間にできた隙間におそるおそる手を差し込んでみると、ひんやり、しっとりとした風が肌をなでました。この岩の隙間は「フルリーヌ」と呼ばれるもの。岩盤の崩落によってできた亀裂で、ここを空気が通って循環することで換気扇は不要に。自然がつくり出した構造で洞窟内の環境が安定するのです。

この洞窟で3カ月の熟成期間を経なければ、ロックフォールを名乗ることができないという厳しい規則も、フルリーヌの風を体験した今なら納得できます。ワインと同じようにチーズも、その土地の風土によって育まれていくものなのでしょう。

見学の最後はお待ちかねの試食タイム。ライ麦パンを使って繁殖させた青カビが、大理石のような模様をつくり上げています。塩味の中に感じられる深い味わいとねっとりとした食感は、このチーズならではのもの。このまま食べるのもいいけれど、生クリームを加えた濃厚なロックフォールソースでステーキをいただくのも悪くありません。合わせるのは、やはり地元のワイン。今日の夕食メニューは、早くも決まってしまったようです。

幸運を招くカルダベル

巨人とカササギの伝説が残る巡礼の村

オクシタニー地方

サン・ギレム・ル・デセール

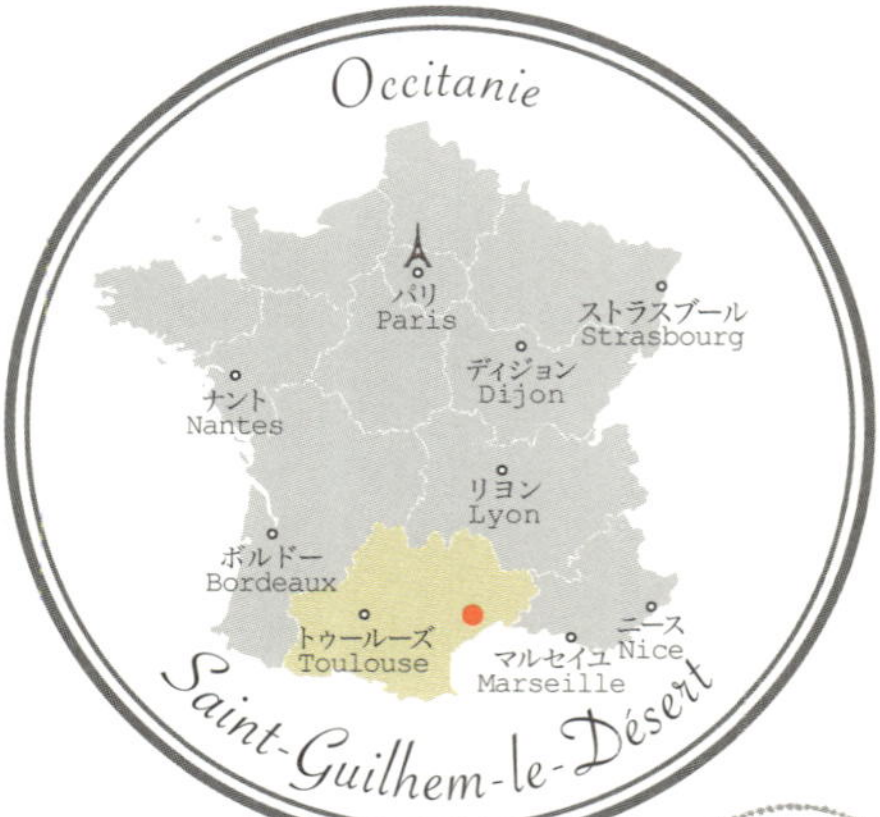

Accès

パリのシャルル・ド・ゴール空港またはオルリー空港から飛行機で約1時間20分のモンペリエ・メディテラネ空港へ。そこから車で北西へ約50分。

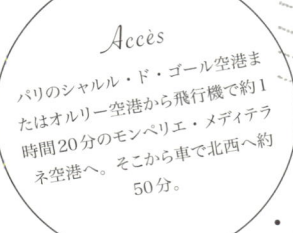

ロマネスク様式で建てられた修道院付属教会

「廃墟」に惹かれるのは、失われたものが想像をかき立てるからでしょうか。ピレネーの山懐にあるサン・ギレム・ル・デセールを訪れたときのこと。村全体を見渡せる場所を目指して石ころだらけの山道を上っていくと、城壁の跡と一部欠けたままの城門が現れました。見上げると、岩山のてっぺんには今にも崩れそうな壁らしきものも見え、ここに城があったことを伝えていました。

「巨人の城」と呼ばれるこの古城には、語り継がれてきた伝説があります。昔々、村は巨人に支配され、その横暴なふるまいに困り果てていた村人たちは、勇敢な戦士として知られたギレムに助けを求めました。女装して巨人の元を訪れた彼は、城にいたカササギに正体を見破られてしまいます。ところが、巨人はカササギの進言を無視して門を開けたため、ギレムが隠し持った剣で倒され、崖から落下。カササギは飛び去り二度と戻ってきませんでした。

急峻な岩山に築かれた古城を見つめていると、その背後から巨人がよみがえってきそうな不気味な気配。「近づかないように」との警告があるところをみると、突風が吹いたら、廃墟のかけらが落ちてくるのかもしれません。

山道を下りて、石の民家が並ぶ坂道をさらに下ると、村の中心にあるリベルテ広場に出ました。16世紀に植栽されたという大きなプラタナスの木が目印です。訪れた3月下旬は、葉っぱが落ちて枝だけが目立つ状態でしたが、葉が茂る夏には日差しを遮る木陰を提供してくれることでしょう。

石畳の坂道が入り組む村をさらに散策していると、民家の扉に掲げられたドライフラワーの飾りに気づきました。木製の扉にとてもよく似合っています。聞けば、アザミの花を使った「カルダベル」と呼ばれるもので、これを扉に飾っておくと幸運が訪れるのだとか。そして役割はもう一つ。雨が降りそうなときは芯の部分が少し閉じることから、昔は、羊飼いたちが天候のバロメーターとして使っていたそうです。

それにしても静かです。ちょうど学校の休日と復活祭休暇の合間にあたる時期なので、観光客が少ないのでしょうか。ティールームやお土産屋さんなど、よさそうなお店がいくつもありながら、そのほとんどが閉まっていたのは残念でした。でも、いいこともありました。静けさのおかげで、鳥たちのさえずりをより鮮明に聞くことができたのです。ツグミやセキレイ、時にはハヤブサの姿が見られることもあるそうです。もっとも伝説どおりなら、カササギだけはやってこないかもしれません。

こんな人口250人ほどのひっそりした村が、夏のバカンスシーズンともなると駐車場に車が入りきらないくらい、人でいっぱいになるというから驚きです。

それは、「フランスの最も美しい村」に認定されていることに加え、村が聖ヤコブの巡礼路上にあることが大きな理由です。フランスの4つの地点からスペインのサンティアゴ・デ・コンポステーラまで延びる巡礼の道のうち、サン・ギレム・ル・デセールを通るのは、アルルを出発点とする「トゥールー

オクシタニー地方のお菓子「オレイエット」

ズの道」。村を過ぎると、厳しいピレネー越えが待っています。巡礼者の人たちにとって、ひと息つける最後の場所なのかもしれません。

この巡礼路は、フランス側とスペイン側ともにユネスコの世界遺産に登録されています。リベルテ広場に面した修道院付属教会もそのリストに入っているのですが、見たところ西側の扉は閉まっているようでした。観光案内所でいつ開くのかを聞いてみると、

「開いているわよ！　扉が重いだけ」

そのとおりでした。重厚な扉を全力で開けて中に入ると、いくつものアーチが連なるロマネスク様式の空間が広がりました。シンプルな空間だからこそ、窓から差し込む光がより神聖なものに思えてきます。

この教会は、伝説にも登場したギレムが9世紀に創設したジェローヌ修道院に付属するもので、11世紀に建てられました。数々の戦いで勝利を収めた無敵の戦士ギレムでしたが、戦地からの帰路、愛する妻を亡くしたことに

ショックを受けて剣を置き、この地で隠とん生活を送ることを決心したのでした。

聖堂内を回ってから回廊に出てみました。ここは方形の庭を囲むようにつくられていて、修道士たちの瞑想の場として使われました。実は、ここに使われている一部の柱は、20世紀初頭にアメリカ人コレクターによって買い取られ海を渡りました。現在、ニューヨークのクロイスターズ美術館で、復元された回廊を見ることができます。

マンハッタンの一角で、そしてピレネーに抱かれた村で、フランスの中世は今も息づいているのです。

パステルブルーが映える村の景観

オクシタニー地方

ロートレック

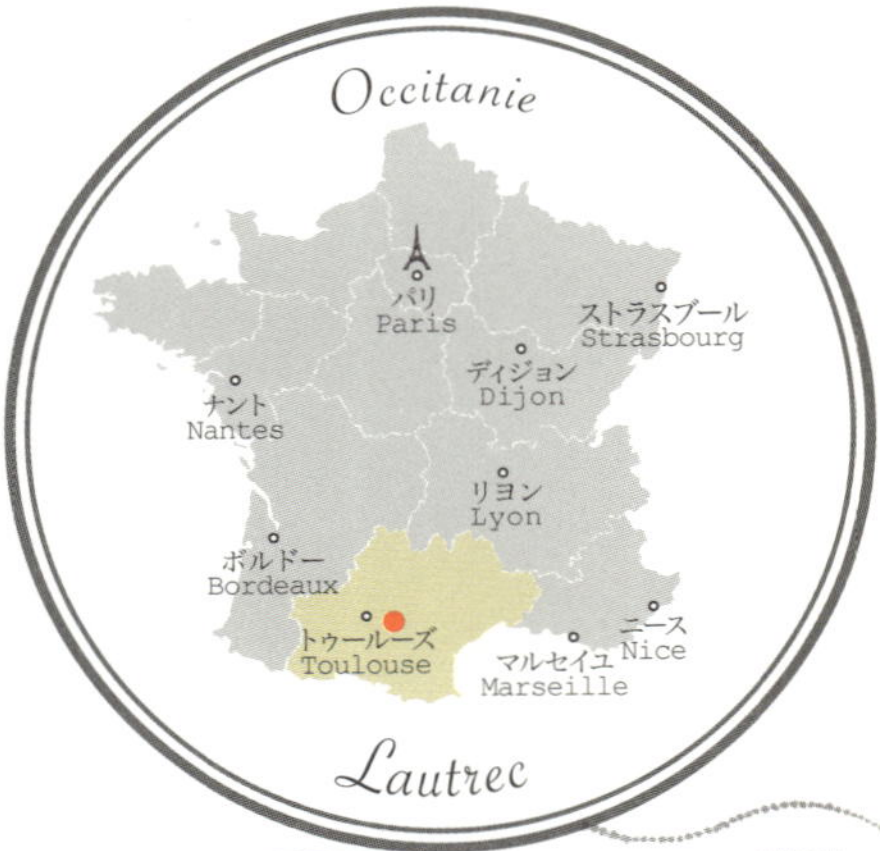

Accès

パリのモンパルナス駅から高速列車TGVで約4時間半のトゥールーズ・マタビオ駅下車。そこから車で東へ約1時間15分。

町から町に移動するとき、どんな経路で行こうかいつも悩みます。とりわけ田舎を巡るときは、景色のよいルートを選びたいとか、途中で寄れる村はないかとか、いろいろ欲が出てきてなかなか決められないのです。フランス南西部オクシタニー地方の町、アルビに泊まったときも翌日の移動ルートについて迷っていました。次に泊まる城塞都市のカルカソンヌまで約110キロメートル、直行すれば2時間半ほどで到着しますが、なんだかもったいない気もします。

そんなとき、泊まっていたホテルのオーナーがアドバイスをくれたのです。

「もし晴れていたら、ロートレック経由で行くといいよ。〝最も美しい村〟にも認定されている村だし」

ロートレック？　思い浮かんだのは村ではなく画家です。「ムーラン・ルージュ」など、パリのダンスホールに集う人々を描いたトゥールーズ・ロートレック。そして、今いるアルビは彼が生まれた町なのです。

「画家のロートレックと関係のある村なんですか？」と尋ねると、「ウイともノンとも言えるね」とあいまいな答えが返ってきました。

村ができたのは10世紀のこと。ロートレック伯爵家がこの辺り一帯を治めていた時代です。画家のロートレックは同じ家系の生まれですが、本家の血筋はすでに途絶えており、村との直接的な関係はなさそうです。とはいえ、せっかく勧めてくれたのだし、同じロートレックつながりで訪ねてみるのも面白いかもしれません。天気予報を見ると、明日の午後は快晴の様子。旅のルートがやっと決まりました。

翌日、予報どおりの青空の下、ロートレックに向かいました。昨日初めて知った名前なので、予備知識がほとんどないまま出発したのですが、県道から見えた小高い丘のような村がきっとそうに違いありません。

ほどなく、岩山に築かれた村の麓に到着です。車を置いてまずはてっぺんを目指すことにしました。細い石段を上って着いた頂には、遠くからも見えていた大きな十字架が建っています。十字架上のキリストが見つめる先には、緑の大地がはるか遠くまで続いていました。

少し下りたところには、風車が1基ぽつんと建っていました。17世紀のものので、小麦を挽くために使われていたようです。遮るものが何もない高台ですから、きっと風を受けて勢いよく回ったことでしょう。今は使われていませんが、昔のままの状態で保存されていて、なんとものどかな風景です。

中世の時代には、８つの門を持つ１２００メートルの城壁が全体を囲んでいたというロートレック。今も城門の一部など歴史の面影を残す建物も多く、伯爵家の名前を冠した村の誇りを感じさせます。

散策の途中で、側壁のところどころにプレートが貼られているのに気づきました。それらは戦没者記念碑の落成式風景や、通りの何げないスナップショットなど、村を写した古い写真のようで、眺めているとノスタルジックな気分に包まれます。

鉢植えのパステル

パステルを使った青い石けん

窓のよろい戸など、昔と変わらないものもあるのだなあ、と民家の様子を眺めていると、麦の穂を飾った窓を見つけました。何軒もの窓やドアにも同じような装飾があるようです。ちょうど観光案内所の前を通りかかったところ。さっそく聞いてみることにしましょう。

「あれはパン祭りの飾りですよ」

ロートレックでは8月15日の祝日に、村を挙げてパン祭りを開くのだそうです。パン屋さんだけでなく、地元の生産者たちが一堂に会する市が立ち、名産のニンニクを使ったスープがふるまわれるのだとか。中世のコスチュームに身を包んだ人たちのアトラクションも行われるそうで、きっと大にぎわいとなることでしょう。小麦の穂はこのときに飾られます。祭りはとっくに終わっていますが、「ポルト・ボヌール（幸運を呼ぶお守り）」としてつけたままの家も多いようです。花と合わせたり、リボンで結んだりと、それぞれ飾り方を工夫していて、目を楽しませてくれました。

そんな民家の間に、青い石けんがディスプレーされた店を見つけました。入ってみると、この地方の名産品、パステルの専門店です。パステルとは、青色染料の原料になるアブラナ科の植物です。オクシタニー地方では、16世紀までその生産で大きな利益を得ていました。16世紀後半に東洋からインディゴ染料が入るとパステル産業は衰退していきますが、その後、皮膚への効能が注目されることになります。店のご主人に聞くと、パステルの花が咲くのは植えてから2年目。1年目は葉から染料を抽出し、2年目は花が咲いた後の種からオイルを採取するのだそうです。ハンドクリームなどのコスメや石けんとなったパステル製品は、清潔感のある淡い青色が特徴です。

外に出ると、鉢植えのパステルが風に揺れています。購入した石けんを誰にあげようか、思いを巡らせながら車に乗り込みました。

Les Plus Beaux Villages de France®

幼い聖女が眠る山間の村

オクシタニー地方

コンク

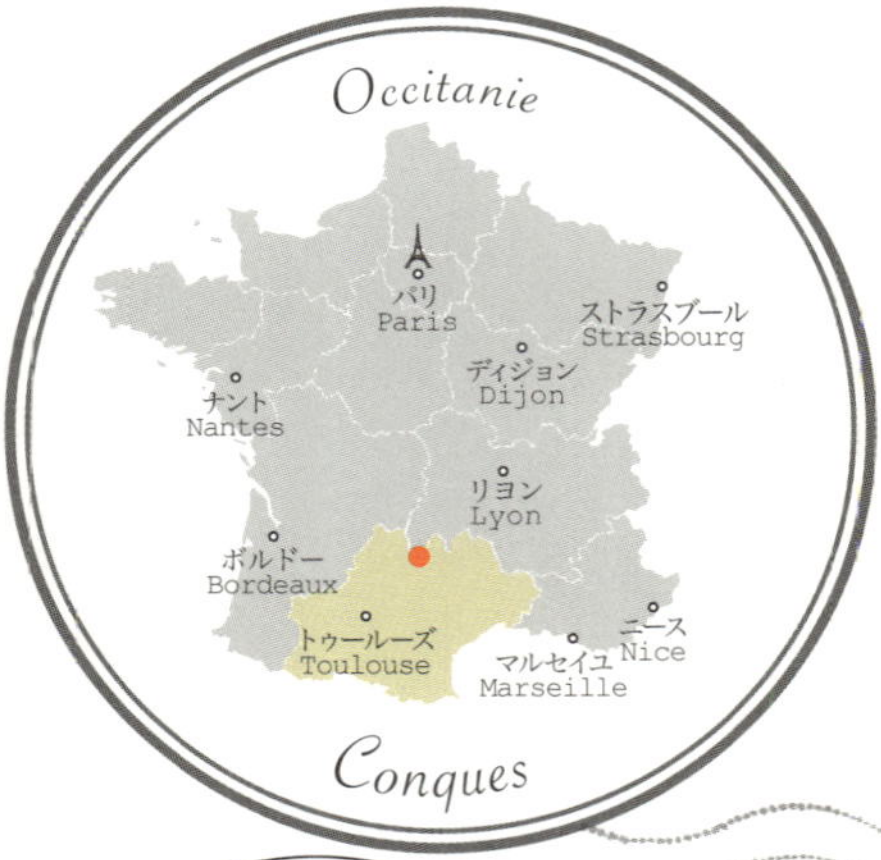

Accès

パリのモンパルナス駅から高速列車TGVで約4時間半のトゥールーズ・マタビオ駅下車。そこから車で北東へ約2時間半。

フランスの地方を旅していると、山の中にずいぶんと立派な教会が建っていて驚かされることがあります。コンクもその一つ。渓谷に沿った道を延々とたどっていくと、2つの塔を持つサント・フォワ修道院付属教会を囲むように民家が集まる小さな村がありました。その調和のとれた佇まいから「フランスの最も美しい村」にも認定されています。

サント・フォワ修道院付属教会は、ローマの支配下にあった時代に改宗を迫られながらも、13歳の若さで殉教した聖女フォワを祀るために建てられたものです。彼女の聖遺骨があるということで中世から多くの巡礼者を集めているのですが、実は、もともと彼女の故郷アジャンの教会にあった聖遺骨を盗み出してコンクに移したという経緯があるのです。

盗んだ修道士はアジャンの教会で10年間務め上げ、周囲の信頼を得たところで、ちゃっかり持って帰った……。と、なんという執念。でもその効果は絶大でした。スペインの聖地を目指す「聖ヤコブの道」の巡礼者たちをも惹きつけ、コンクは沿道の重要な宿所ともなっていったのです。

現在、聖女フォワの聖遺骨はきらきら輝く黄金の像の中に収められ、教会に併設された宝物館で見ることができます。かっと見開いた像の目は超然として、時代のずっと先を見据えているかのようです。


もう1カ所、聖女が潜んでいる場所があります。それは、教会正面の扉の上にある、タンパンと呼ばれるレリーフです。ここに彫られているのは、「最後の審判」の図。キリストを中心に左側が天国、右側に地獄。天国側に目をやると、神の右手の前にぬかずく聖女フォワの姿が見えます。狭い場所に彫られていささか窮屈そうですが、心は空のように自由なのかもしれません。

一方、地獄への入り口は、ぱっくりと口を開けた怪魚の頭。こん棒を持った悪魔が人々のお尻をひっぱたいて、地獄へと押しやっています。くすっと笑ってしまいそうなくらいコミカルな表現ですが、中世の人々にとっては、扉を通るたびに受け取る、戒めのメッセージであったに違いありません。

教会の正面広場から延びる道には、お土産屋さんやホテル、巡礼者を受け入れる施設なども並んでいます。長い道のりを歩く人も多いのでしょう。店頭にはたくさんの杖が販売されています。まだ、「歩く」という選択をしたことはありませんが、今ほど訪問者への便宜が図られていなかったころ、私にとってはここに来ること自体がちょっとした冒険でした。

最初は、「パリに寄らずにフランスの田舎の教会を巡る旅」をテーマに出かけた大学最後の卒業旅行。運転免許を持っていない私は、駅でタクシーを呼んでもらうという方法で旅を続けていたのですが、コンクの最寄り駅と思って下車したら、これが無人駅！　一緒に下りた人が、いったいどこに行くつもりなのかと心配してくれました。

「コンクってのはひと山越えて行くんだぞ」

半ばあきれながらも親切に世話してくれた人たちのおかげで、無事、タク

サント・フォワ修道院付属教会

シーが見つかり、コンクを訪ねることができたのでした。

そして2度目の訪問。前回はタクシー探しに苦労したため、今度はある紀行文の中で書かれていた「コンクへはオーリヤックからノエル氏のバスで行った」という情報だけを頼りに計画を立てました。


朝7時にフランス中央部にあるオーリヤックのカフェからバスが出ると書いてあったので10分ほど前に行ったところ、すでに発車……。とはいえ、ここまで来て諦めるわけにはいきません。翌日もっと早起きをしてリベンジを誓います。ところが、カフェを出てもどこにもバスの姿は見つかりません。その日ノエル氏が運転していたのは、バスではなく一般の自家用車。ともかく、もう1人の乗客と一緒に乗り込み、いざコンクへ！　と出発したものの、そこからがまた長かったのです。

まず、途中の村に届ける荷物を受け取るために郵便局で停車。次にパン屋さんや薬局の御用聞きのために、また停車。ノエル氏は運び屋でもあったのでした。ようやく目的地に着いたのは2時間半後。毎日、こうしてあちこち立ち寄りながら村へと向かうのかしら。

その後、何度もコンクを訪れましたが、山間の曲がりくねった道をたどるたび、30年以上も前の2つの旅の記憶がよみがえります。

プロヴァンスの恵みが集まる朝市へ

プロヴァンス・アルプ・コート・ダジュール地方

ルールマラン

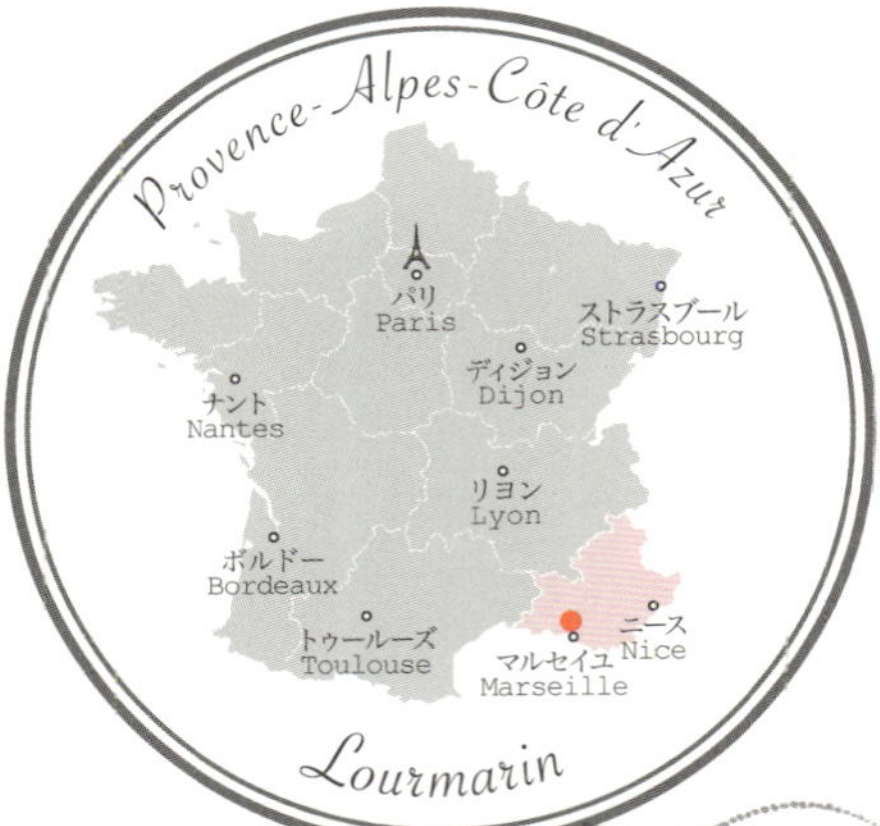

Accès

パリのリヨン駅から高速列車TGVで約3時間10分のエクス・アン・プロヴァンスTGV駅下車。そこから車で北へ約50分。エクス・アン・プロヴァンスの長距離バスターミナルからバスもある。

Vanille

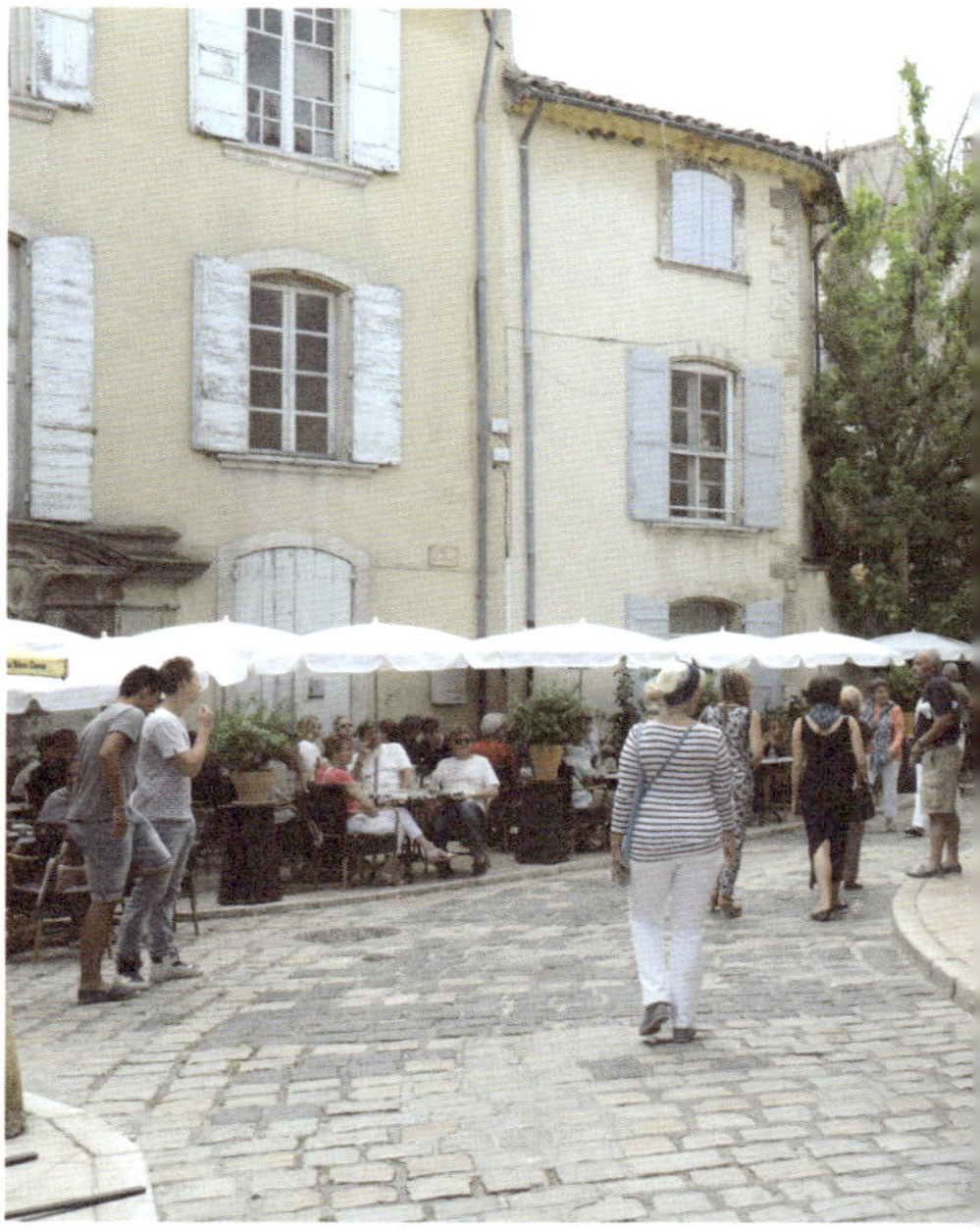

地方の町や村に行くと、朝、大きな買い物籠を提げた人を見かけることがあります。女性だけではなく、リタイアして悠々自適の生活を送っていらっしゃる雰囲気のおじさま方も。みんな同じ方向に向かっています。気になってついていくと、決まって現れるのは、路上や広場で開かれるにぎやかな朝市。パリでもあちらこちらで見られますが、地方ではそこでしか手に入らない名産品もあって、見て回るだけでも楽しいものです。

いろいろな村の朝市を経験しましたが、中でも特に記憶に残っているのが、南仏プロヴァンスのルールマランです。作家アルベール・カミュが晩年を過ごしたことでも知られるこの村は、大ベストセラー『南仏プロヴァンスの12か月』の舞台になったリュベロン地域にあり、ここに住んでいた著者のピーター・メイルをはじめ、イギリス人に人気の別荘地でもあります。田舎にしては英語が通じやすく感じたのは、そのせいかもしれません。

毎週金曜日、朝8時から午後1時まで開催されるルールマランの朝市。訪れたとき、まず目に留まったのは木陰があることでした。レイヨル大通りとアンリ・バルテルミー広場を中心にした、かなり広い範囲で開かれるのですが、大通りの並木があるおかげで夏でもどこか涼しげなのです。近年は40度近い猛暑に襲われることも珍しくない南仏の夏。炎天下では日陰に入るだけでかなり暑さが和らぎます。

さて、朝市ではどんなものが売られているのでしょう。まず、箱からはみ出しそうなくらい詰まった、新鮮な野菜と果物。南仏プロヴァンスの料理は、素材の持ち味を生かしたシンプルなものが多く、野菜をたっぷり使うのが特徴です。とりわけ、トマトやナスは日本でもおなじみのラタトゥイユ（夏野菜の煮込み）に欠かせません。トマトだけでもいろいろな種類があるのだなと見ていると、ひだがたくさんある大きな実を見つけました。個性的な形から「牛の心臓」という名前のついたこのトマト、大ぶりですが甘く、輪切りにすると花のような形で料理に華やぎを与えてくれます。

ズッキーニも南仏料理によく使われる素材ですが、こちらでは実だけでなく花もいただきます。特にふんわりと揚げたものはワインのつまみにもってこいです。

みずみずしい果物もたくさん並んでいます。リュベロン地域にある町、カヴァイヨン産のメロンは、トリコロールのラベルを貼って、「南仏生まれ」をしっかり主張していました。オレンジ色の果肉はとても甘くてジューシーですが、実はフランスではデザートではなく前菜に食べるのが一般的。薄くスライスしたものは、さっぱりとして食欲のない夏でもするっと胃に収まります。

フランス料理というと、バターをぜいたくに使った濃厚なものを想像しがちですが、南仏料理はオリーブオイルやハーブを使用するせいか、軽くさっぱりとしていて、日本人の舌にもよく合います。オリーブとアンチョビでつくるタプナードというペーストもあり、瓶入りならお土産にもぴったり。薄

Nectarines plates
Pêches plates
8,35 le kg

Poires Williams
Caramel - Rhum

くスライスしたバゲットにのせて、パスティス（アニス酒とも呼ばれるフランスのリキュール）のお供にすれば、どこにいても「南仏のアペリティフタイム（食事の前のリラックスタイム）」を再現できそうです。

生では持って帰れないハーブも、乾燥させたものなら大丈夫。数種類ミックスしたものは「エルブ・ド・プロヴァンス」と呼ばれ、かわいらしい布袋に入れて売られています。肉でも魚でもオールマイティーに使え、料理に南仏の香りを添えてくれます。

さらに歩いていると、ハムの店を見つけました。熟成させた豚の足が並び、なんともおいしそうです。２切れだけでも買えるというので頼んでみました。肉の加工品は日本に持ち込むことができないので、胃が許す限り、現地で味わいたい一品です。

ハムがあるならパンも欲しいところ。パン屋さんをのぞいてみると、葉っぱのような切り込みが入った、不思議な形のものを見つけました。聞けば、フーガスというプロヴァンス発祥のパンなのだとか。「灰の中に埋められたパン」という意味で、昔、釜の温度を確認するために使われたことから、こう呼ばれているのだそうです。こちらも買ってみることにしましょう。

市場を1周した後、村を少し歩いてみました。ルネサンス様式の城館や高級ホテル、そして通りに張り出されたカフェのテラスなど、素朴な田舎というより洗練された別荘地の趣です。陶器がカラフルにディスプレーされたギャラリーショップも見つけました。料理に重宝しそうな深いボウルは、アプト焼き（リュベロン地域のアプトに伝わる陶器）の温もりを残したポップなデザイン。プロヴァンスの伝統は、少しずつ形を変えながらも受け継がれているようです。

さあ、そろそろお昼どき。購入したハムとパンを持って、どこか眺めのよい場所でピクニックランチを楽しむとしましょうか。

地中海の光が降り注ぐ マティスの傑作

プロヴァンス・アルプ・コート・ダジュール地方

ヴァンス

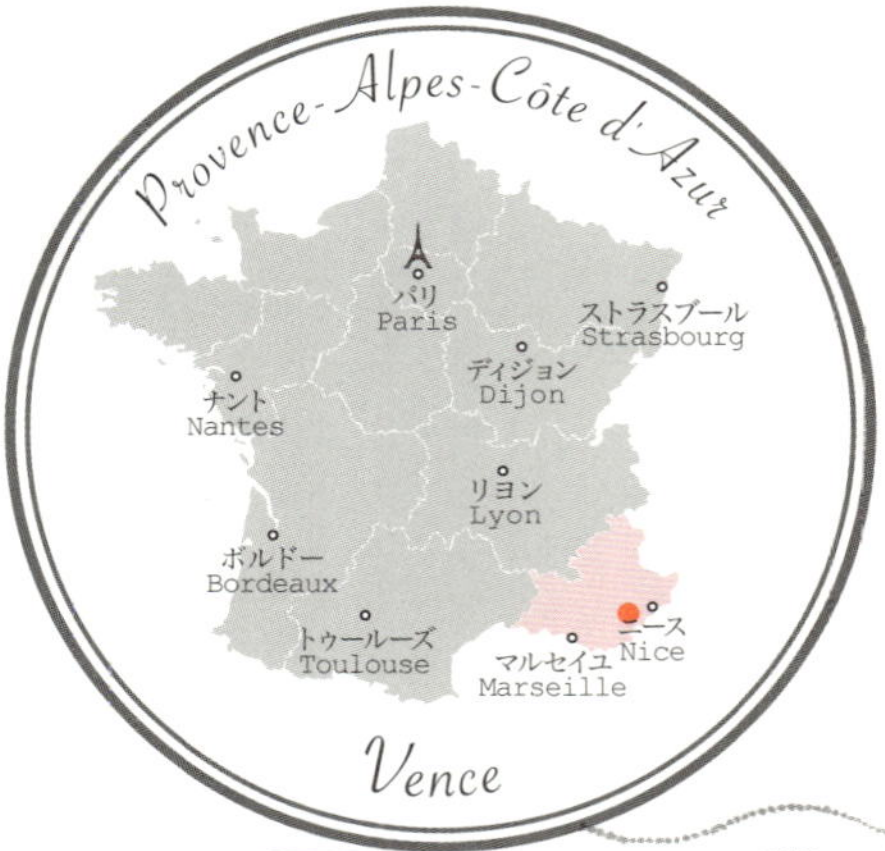

Accès

パリ、シャルル・ド・ゴール空港またはオルリー空港から飛行機で約1時間半のニース・コート・ダジュール空港へ。そこから車で北西へ約40分。バスもある。

Chapelle du Rosaire
MATISSE

ニースの空港に降り立ち、外に出た瞬間、ほかのどこでもないまばゆい光の洗礼を受けます。今どきの言葉でいえば、「キラキラ感がハンパない！」のです。まさにインスタ映えスポットの宝庫。カメラのない時代なら、絵筆を取りたくなったに違いありません。画家たちがこぞってこの地にやってきたのも、よく理解できます。

アンリ・マティスもその一人。生まれはフランス北部、オー・ド・フランス地方のル・カトー・カンブレジという町ですが、その生涯の多くの時間を南仏のプロヴァンス・アルプ・コート・ダジュール地方で過ごしました。彼が晩年に手がけたのがヴァンスにあるロザリオ礼拝堂です。

マティスは私の大好きな画家。悩みごとがあると、ついこもりがちな私を、力強い色遣いでいつも励ましてくれる存在です。その渾身の作、と聞けば訪ねずにはいられません。「色彩の魔術師」とも称された彼は、どんなマジックを見せてくれるのでしょう？

ニース発の路線バスは、まず「紺碧海岸（コート・ダジュール）」の名にふさわしい海岸道路を走り、途中から内陸に入って1時間ほどでヴァンスに到着します。ロザリオ礼拝堂に行くには、バス停からさらに15分ほど歩きます。方向音痴なので、どちらに向かえばよいか不安に駆られていたら標識を発見。礼拝堂のイラストを添えたなんともかわいらしいデザインです。

その名もアンリ・マティス大通りを標識に従って行くと、途中、橋の辺りで写真映えしそうな風景に出会い、思わず足を止めました。城壁に囲まれたヴァンスの歴史地区です。石造りの民家が肩を寄せ合う様子は中世の村そのもの。太陽の光をたっぷり受けて南仏色に染まっています。

しばらく歩いていくと、純白の礼拝堂が見えてきました。屋根の上には月をあしらった十字架がすっと天に伸びています。60年以上前に建設されたとは思えない、モダンで美しいフォルムです。シュロの木に囲まれ、いかにも南国風の雰囲気。まるでオアシスのように訪れる者を迎えています。

マティスはなぜこの礼拝堂を手がけることになったのでしょうか？　そこには、映画のような物語が秘められています。

礼拝堂建造の計画が持ち上がったのは、第二次世界大戦後、間もなくのこと。彼はジャック・マリーと名乗るドミニク修道会のシスターから礼拝堂の制作について相談を受けます。このシスター、実は修道会に入る前、療養中だったマティスの看護を引き受け、絵のモデルも務めたことのある女性、モニク・ブルジョワでした。当時マティスは77歳。健康に対する不安もありましたが、この仕事を「自分が選んだのではなく、賜ったもの」と感じ、4年あまりの年月を費やして1951年に完成させました。彼が亡くなったのはその3年後。晩年のすべてを注ぎ込んだ集大成ともいえる作品なのです。

中に入ると、天井も壁も床も白1色。その脇一面にはステンドグラスを配した細長い窓が連なり、堂内に光を注いでいます。教会のステンドグラスといえば、一般に聖書や聖人の物語が描かれているものですが、マティスが選

南仏の光あふれるニースの海岸

んだモチーフは「葉っぱ」。祭壇の奥にあるステンドグラスには、南仏でよく見かけるサボテンのモチーフがちりばめられています。彼が晩年に取り組んだ切り絵風のサボテンは、揺れる海藻のようにも見えて、地中海の波音が聞こえてきそうです。使われているのはウルトラマリンブルー、グリーン、レモンイエローの3色。なのに、なんて豊かで華やいで見えることでしょう。

もっと驚いたのは、向かいの壁に目を移したときです。白いタイルの上にあったのは黒のみで描かれた線画で、輪郭だけの聖ドミニク像、続く一面には花に囲まれた聖母子。いずれも見る人の想像力を殺さないようにと、目も鼻も口も描かれていません。さらに後方には、キリストが磔刑の場へと向かう「十字架の道行き」が順を追って描かれています。

黒1色。なのに、鮮やかなステンドグラスと同じくらい、明るく力に満ちていて鳥肌が立ちました。私はこれまで黒を色として見ていなかったのではないかしら。色彩としての黒の底知れぬパワーを彼に教えられたのです。

壁面の線画はひと筆書きに見えるほどシンプルなものですが、実は何十回も下絵と格闘した末にたどり着いた形だとか。その筆跡の一つひとつに、マティスの並々ならない覚悟を感じ、魂のこもった作品のすぐそばにいられる幸せをかみしめました。

日が差してくると、ステンドグラスを通した3色の光は聖母子の上にも注ぎ、ほんのりと色づきます。大理石の床に落ちた影は、太陽の角度によって長くなったり短くなったり。日がな一日、見ていたい気持ちになりました。

「陽気さのあふれた教会、訪れる人が幸せな気持ちになれる空間に」と願ったマティス。その言葉どおり、満たされた気持ちで礼拝堂を後にしました。「また来ます！」と心の中でつぶやきながら。

秘境を抜けて
陶器の里へ

プロヴァンス・アルプ・コート・ダジュール地方

ムスティエ・サント・マリー

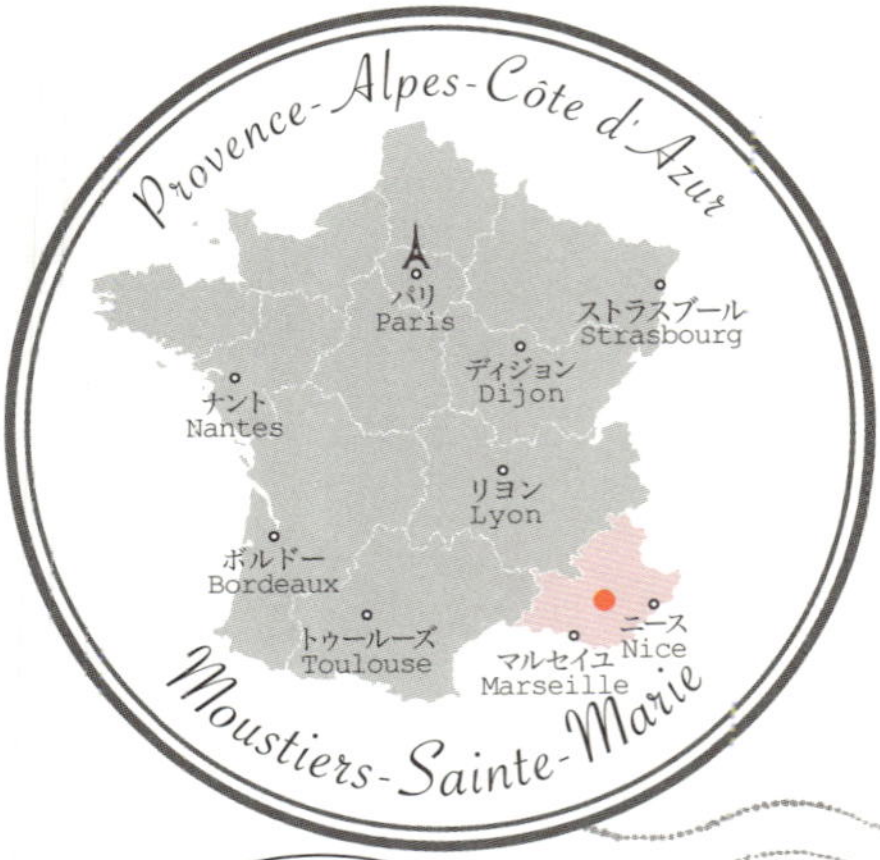

Accès

パリのシャルル・ド・ゴール空港またはオルリー空港から飛行機で約1時間半のニース・コート・ダジュール空港へ。そこから車で北西へ約2時間半。

ASCADE

OFFICE
DE

いったい誰がつくったのだろう、と思うような場所に、道を見つけることがあります。険しい峠にも深い森の中にも道はあり、誰かが踏んだ最初の一歩を記憶しているのです。そんな道が20世紀初頭まで整備されることがなかった場所が、南仏にはあります。「プロヴァンスのグランド・キャニオン」の異名をとるヴェルドン峡谷です。

今から1億年以上前に堆積された石灰岩層をうがつこの峡谷は、アルプス山脈の隆起によってできたといわれています。幅は最大100メートル、深さ250〜700メートルに及ぶというスケールは、ヨーロッパ最大級。約40万年前に人が住んでいたという痕跡が見つかりましたが、探検の記録が初めて公開されたのは19世紀後半。それまでは未踏の地として神秘に包まれていたのです。

現在、徒歩での散策やラフティングを楽しめる人気の観光地ともなっているヴェルドン峡谷。一度行ってみたいと思いながら、運転が相当ハードそうでちゅうちょしていました。そんなとき、峡谷を経由してムスティエ・サント・マリーの村を訪ねるニース発のミニバスツアーを見つけたのです。

まさに正しい判断だった、と実感したのは、峡谷沿いの道に入ってからです。曲がりくねった山道はガードレールがないこともあり、ちょっとでも気を緩めたら深い谷底に車ごと落ちてしまいそう。野性味あふれるドライブルートです。途中、駐車場を備えた休憩所があり、雄大な眺めを楽しめる展望台も用意されていました。V字形に深く切り込まれた谷間をのぞき込むと、はるか先に蛇行する流れが見えます。あまりにも深く、プロヴァンスの光もここまでは届かないのではないかと思えてしまうほどです。

ニースを出てから2時間は経ったでしょうか。峡谷の出口にあるサント・クロワ湖が見えてきました。ダムのためにつくられた人工湖で、湖底にはレ・サル・シュル・ヴェルドンという村が眠っています。エメラルド色の湖面では、ボート遊びをする人たちの姿もちらほら。水辺のリゾート気分は、どうやら地中海に行かなくても味わえそうです。ここからしばらく山岳地に向かって車を走らせると、険しい岩山の間に築かれたムスティエ・サント・マリーに到着です。

村に入ると2つの岩山が目前に迫ってきて、その間に長い鎖が渡されているのに気づきました。中央には金色の星がキラキラと光っています。13世紀、十字軍遠征から帰還した騎士によって捧げられたものと伝えられている星です。その後、幾度も架け替えられながら村を見守ってきたのです。少し歩くと、岩山から流れ落ちているのでしょうか、滝の音が聞こえてきました。水の音が耳元に届くだけで、旅の疲れが和らぐように感じます。

この村は「ムスティエ焼き」という高級陶器の里としても知られています。その歴史は古く、17世紀にさかのぼります。ヴェルサイユ宮殿を建設したことで知られる太陽王ルイ14世の時代、イタリアからムスティエ・サント・マ

ヴェルドン峡谷

リーにやってきた修道士クレリシーが、陶器の釉薬や絵付けの技術をこの地に伝えたのです。

すると、素朴そのものだった陶器は、白い地に絵が手描きされたことで、洗練された逸品に大変身！　折しも当時のフランスはたび重なる戦争などのため財政難に陥っており、金銀食器の使用を控えるようお達しが出ていました。まさに時機を得たムスティエ焼きは王室御用達となり、その名声は瞬く間に広がったのです。

その後、衰退した時期もありましたが、20世紀になって人気復活。伝統工法は今に継承され、村の細い通りには鮮やかな絵皿をディスプレーした専門店が並びます。

その一つに入ってみると、店内はお皿、燭台、花器などさまざまな商品で埋め尽くされていました。中にはマリー・アントワネットの時代に人気だったといわれる品も。たとえばエピシエールと呼ばれる容器は、食生活が肉中心だったため、消化を助けるためのスパイスを入れていたのだそう。当時、お肉を消化できないくらい食べていたなんて、かなり上流階級の方たちが愛用していたに違いありません。

何かお土産にと思いましたが、割れ物だし重いしで悩むところです。いろいろ見ていると、ジャムを入れるのにちょうどいい小さな陶器を見つけました。色がきれいなだけでなく、表面が滑らかで触り心地まで上品なムスティエ焼き。朝食のたび、きっとこの村のことが思い出されることでしょう。

大自然が生み出したダイナミックな景観の後に、心癒やされる陶器の里。プロヴァンスの恵みは、明るい太陽だけではないようです。

近代建築の父が眠る圧倒的なロケーション

プロヴァンス・アルプ・コート・ダジュール地方

ロクブリュヌ・カップ・マルタン

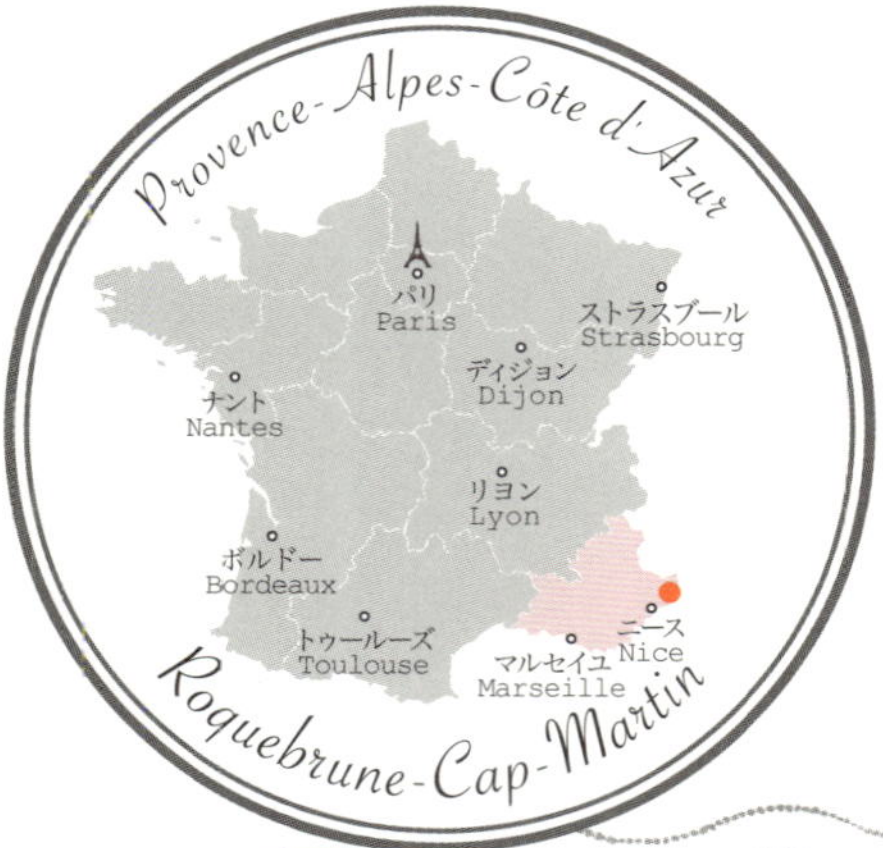

Accès

パリのシャルル・ド・ゴール空港またはオルリー空港から飛行機で約1時間半のニース・コート・ダジュール空港へ。そこから車で北東へ約40分。

妻イヴォンヌとル・コルビュジエが眠る墓

ロクブリュヌ城

イタリアとの国境から映画祭で有名なカンヌの西まで続く南仏のコート・ダジュール地方。「フレンチ・リヴィエラ」とも呼ばれ、地中海沿岸のリゾート地として知られています。海に面している印象が強いですが、実は、背後に雄大なアルプスの山が控えていて、その山裾は時に海岸の間際まで迫ります。山間にはひなびた村が点在し、セレブたちに愛されるリゾートとは別の顔を見せてくれるのです。

この地方の山岳部にある村には、ある共通点があります。それは山の頂にあること。中世のころ、異教徒の侵入を防ぐため山頂につくられたもので、その形状から「鷲の巣村」と呼ばれています。ニース近郊にあるエズという村が最も有名ですが、ツアーにも組み込まれる人気スポットなので、いつも観光客でいっぱい。もう少し静かに散策を楽しめるところはないかしら、と探していると、ロクブリュヌ・カップ・マルタンという村が見つかりました。マルタン岬を見下ろす崖に立つ村と聞けば、きっと素晴らしい眺めを堪能できるに違いありません。

この村の訪問を決めた理由はもう一つあります。それは、20世紀を代表する建築家ル・コルビュジエのお墓がある村だから。近代建築の父は、どんなところを「永遠の住み家」に選んだのでしょう。

村を訪ねるためニースで車を借りました。「カップ・マルタン・ロクブリュヌ」という鉄道駅も海岸沿いにあるのですが、高い岩山の上に築かれた村へ直接行くには車のほうが便利です。ルートは3つの中から選べます。まず、地中海の海岸線に沿って走る道路「コルニッシュ・アンフェリウール」。海を見下ろす断崖の中ほどを行く「モワイエンヌ・コルニッシュ」。そして今回の旅で選択した、標高500メートルを通る「グランド・コルニッシュ」です。このルートの魅力はどこまでも続く地中海の大パノラマ。次々と現れる絶景に感動と興奮の連続です。

村に着いたのはお昼どきだったせいでしょうか。歩く人は少なく、ひっそりとしています。迷路のように入り組んだ石畳の道や、崖をくりぬいてつくった道を歩いていると、中世を舞台にした映画の中に迷い込んだかのようです。実際この村では、毎年8月にキリスト受難劇を上演する祭りが開催され、何十人もの役者たちが村を練り歩くそうです。

やがて岩山の上に建つロクブリュヌ城に遭遇しました。10世紀の建築物で、かつては牢獄も備えた大きな城だったようです。今では半分廃墟となっていますが、残された塔に上ると、目の前に色鮮やかな景観が広がりました。岩山の斜面に寄り添う赤い屋根。背景にはまるで競い合うかのように青い海と空。村全体が南仏のまぶしい光に照らされています。

旅の疲れを忘れてしまうような絶景スポットがもう一つありました。それがル・コルビュジエが眠るお墓です。先に他界した妻のイヴォンヌのために建立した墓でしたが、１９６５年、地中海で遊泳中に命を落とした彼も、妻とともに地中海の風を受けながらここで眠っています。

コルビュジエの休暇小屋

中世の村を訪れた数年後、再びこの地を訪れる機会に恵まれました。きっかけは2016年、ル・コルビュジエの建築作品がユネスコの世界遺産に登録されたことです。「近代建築の五原則」を提唱し、「住居」のつくり方を根本から変えたル・コルビュジエ。日本を含む7カ国によって共同推薦され、結果、大陸をまたいだ複数の物件が同時に登録されるという、これまでにない形での世界遺産が誕生しました。東京・上野にある国立西洋美術館も対象物件となり、大きな話題を集めました。

このとき登録された17の建築作品のうち、10件、つまり半数以上はフランスにあります。ここロクブリュヌ・カップ・マルタンの海岸側にある「休暇小屋」もその1つです。

1952年、夏の休暇を過ごすために建てられたというこの作品、実際に訪れると、想像した以上に質素な丸太小屋でした。世界遺産の建築としては、最もコンパクトなのではないでしょうか。中に入ってさらにその簡素さに驚かされます。ベッド、テーブル、洗面台、トイレといった必要最低限の設備が備えられた8畳ほどの広さは、さまざまな実験を経てル・コルビュジエが最終的にたどり着いた、究極の空間なのでしょう。

最小限を極めた小屋の小窓から外を眺めると、真っ青な地中海が広がりました。まぶしい光を受けて、きらきらと輝く水面。狭い場所にいることを忘れてしまうほどの、なんともいえない開放感。彼が海を見下ろす場所に墓をつくることを決めたのは、この小屋の中だったのかもしれません。

ルノワールが求めた光あふれる地

プロヴァンス・アルプ・コート・ダジュール地方

カーニュ・シュル・メール

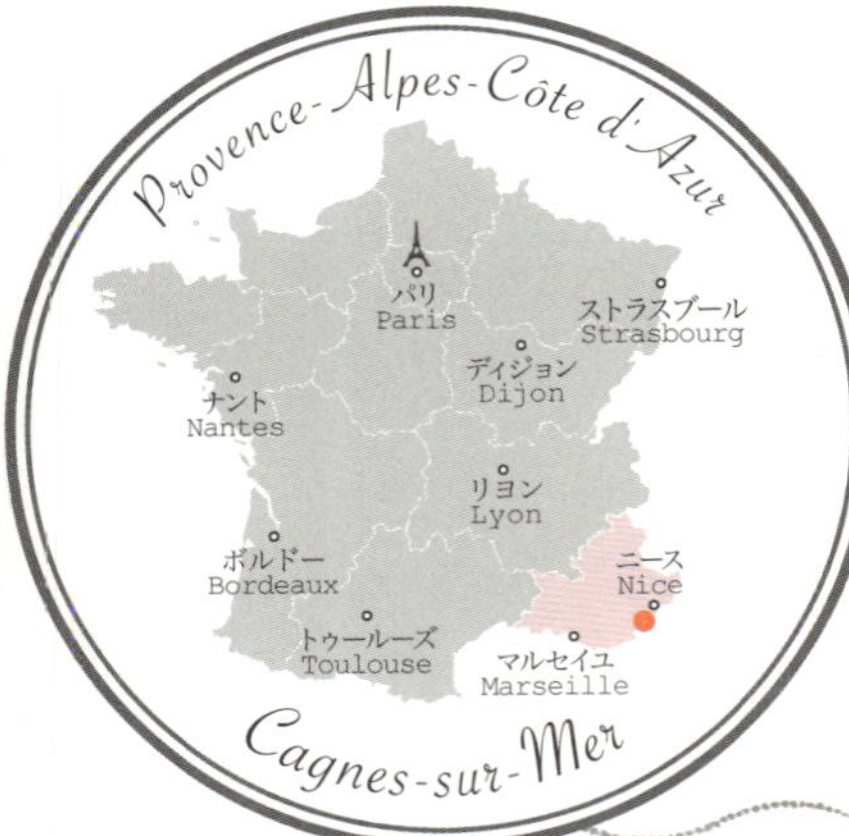

Accès

パリのシャルル・ド・ゴール空港またはオルリー空港から飛行機で約1時間半のニース・コート・ダジュール空港へ。ここから車で南西へ約20分。ニースから列車で約10分。バスもある。

高級ホテル「ル・カニャール」

２０１６年春から夏にかけて、東京の国立新美術館で「オルセー美術館・オランジュリー美術館所蔵　ルノワール展」が開催されました。名作ぞろいの中でも、ひときわ注目を浴びたのは、パリのダンスホールを舞台とした『ムーラン・ド・ラ・ギャレットの舞踏会』。これまで日本で公開されたことがなかったピエール＝オーギュスト・ルノワールの代表作です。木漏れ日がキラキラと光る作品を見ていると、ダンスを楽しむ人たちのざわめきが聞こえてくるようでした。

そしてもう1作、やはり初めて来日を果たしたのが『浴女たち』。絵の中でに豊満すぎるほどふくよかな裸婦たちが、光あふれる庭でゆったりと横たわっています。この作品はルノワールの最晩年、亡くなる前の数カ月で描き上げられました。

制作の場となった南仏の町、カーニュ・シュル・メールの家とアトリエは、現在「ルノワールの家美術館」として公開されています。ここを訪れると、みずみずしい色彩の秘密に触れられるかもしれません。

プロヴァンス・アルプ・コート・ダジュール地方の中心都市ニースから南西へとしばらく車を走らせると、カーニュ・シュル・メールの歴史地区に指定されている旧市街地区「オー・ド・カーニュ」が車窓に現れました。町の頂にある古城は14世紀、モナコを統治していたグリマルディ公によって建てられたもので、現在はコート・ダジュールゆかりの画家たちの作品を収めた美術館となっています。ルノワールの邸宅があるのは、この地区の向かいにある「コレットの丘」。緩やかな坂道を進むと、印象派の巨匠が最期の日々を過ごした場所に着きました。

ルノワールの家美術館に入る門を通り抜けても、まだ家は見えません。というのも、ルノワールが購入したのはオリーブ園を含む約3ヘクタールもの土地。樹齢何百年というオリーブの木々が伐採されると聞き、まるごと買い取って家を建てたのだとか。作品にも登場するオリーブの木は、陽光を浴びて小さな葉を輝かせています。アンリ・マティス、パブロ・ピカソ、マルク・

シャガールなど、多くの画家たちがこの光に魅せられ、南仏を制作の拠点としました。でも、ルノワールがパリからこの地にやってきたのは別の理由がありました。持病のリウマチ性関節炎が悪化し、療養のため何度か訪れていたこの町に移り住むことを決めたのです。

美術館のチケット売り場を出て、オリーブ、ブーゲンビリア、そしてシュロといった南国らしい木々の間を歩いていくと、高台にある邸宅が現れました。中に入ると、愛用した家具や調度品が置かれ、ルノワールと家族の暮らしぶりが伝わってきます。大きな窓からは、カーニュ・シュル・メールの家並み、そして彼方には地中海を望むことができました。澄みきった空と海を眺められる家は、飽くことなく光を追求したルノワールお気に入りの場所であったに違いありません。

数々の作品が生まれたアトリエは家の2階にあります。カンバスの前に置かれているのは車椅子。あらためて、体が不自由であったことに思いが及び

ルノワールの作品にも描かれたオリーブ園

ルノワールの家

ます。手が思ったように動かないという状態で、あの幸福感が満ちあふれた『浴女たち』を描いたのかと思うと、胸が締めつけられる思いがします。体の不調だけでなく、妻アリーヌの死という悲しい経験もあったのに、最後まで「生きる喜び」を描ききったルノワール。彼の絵は何か壁にぶち当たったとき、落ち込んだときにも、乗り越えていく勇気をくれそうな気がします。

コレットの丘を下りて、次は丘から見えていたオー・ド・カーニュ地区を訪ねることにしました。頂にあるグリマルディ城へは、細くかなり急な石畳の坂道を上っていきます。アメデオ・モディリアーニ、藤田嗣治など、この町を訪れた数々の画家たちが歩いた道でもあります。赤い屋根や白い壁をくっきりと浮かび上がらせる強烈な光は、ときに体力を消耗させます。でも、ここは南仏。坂道の途中で振り返ると中世の家並みの向こうに地中海が広がっていて、その美しい眺望にしばし疲れも忘れてしまいます。

さらに細い石畳の道を散策していると、ブーゲンビリアに覆われた石造りの家が目に入りました。よく見るとホテルのようです。プレートを見ると星が4つついていますが、高級ホテルに似つかわしくない控えめな入り口です。資料をもらおうとレセプションに聞いてみると、「よかったら中を見ていきませんか？」と提案され、急きょ見学させてもらうことにしました。

「ル・カニャール」という名のこのホテルは13世紀の建物を改装したもので、それぞれの部屋にルノワール、ピカソといった画家の名前がつけられていました。スイートルームは、町から地中海まで見渡せる広々としたテラス付き。先ほどの質素な入り口からは想像できない、ぜいたくな空間です。海沿いのゴージャスなリゾートに飽きたセレブたちが足を運ぶ、隠れ家ホテルなのかもしれません。

ルノワールに描かれた地中海の光に包まれて、ここのテラスで一日過ごすバカンスをちょっぴり夢見ながら、カーニュ・シュル・メールを後にしました。

エピローグ

『フランスの一度は訪れたい村』というタイトルから、目の覚めるような絶景や、必見の名所が出てくる本だと思って手に取られた方がいらっしゃるかもしれません。本書には、眺望の素晴らしい場所も登場します。ただ個人的には、静かで控えめな村の佇まいそのものに、強く惹かれるものがあります。

それは、数しれない人々の歩みを受けてきた石畳の道であったり、民家の扉ごとに掲げられた幸運のお守りであったり。そうした場面の一つひとつに、長い時間をかけて紡がれてきた物語がある。何げない景色の中に、心を豊かにするフランスらしさを感じるのです。

旅をしていると、村の景観を守るために、たゆみない努力がなされていることも実感します。石造りの民家が集まる村に対して、「中世そのまま」といった表現を使いがちですが、本当に手つかずの状態であれば、とっくの昔に朽ち果ててしまっていることでしょう。

古いものを慈しみ、伝えていくこと。日常の中にある美しさに気づくこと。フランスの村を旅すると、少しだけ優しい気持ちになれる気がします。

本書の出版にあたり、多くの方々のサポートをいただきました。まず、「かもめの本棚」編集部の狭間由恵さん、白田敦子さんに、心からのお礼を申し上げます。また編集に協力くださったフランス観光開発機構の増田真由美さん、今回の執筆のきっかけをつくってくださったトラベル・ジャーナリストの寺田直子さんにも感謝の気持ちを伝えたいと思います。寺田さんのご著書『増補版 フランスの美しい村を歩く』と併せて読んでいただければ、フランスの田舎の魅力がよりいっそう伝わるのではないかと思います。

最後に、フランス各地の村まで幾度となく車を運転してくれ、写真を撮影してくれたパートナーの伊藤智郎にひとこと、ありがとう。

かつて私をフランスへと導いてくれたのは、数々の紀行文とエッセーでした。本書が、誰かの旅立ちへの小さな誘いとなれば、これほどうれしいことはありません。

坂井彰代（さかい・あきよ）
徳島県生まれ。上智大学文学部卒業。オフィス・ギア主宰。海外旅行ガイドブック「地球の歩き方」シリーズ（ダイヤモンド社）で『フランス』『パリ＆近郊の町』などの取材・執筆・編集を初版時より担当。取材のため年に3〜4回渡仏している。著書に『パリ・カフェ・ストーリー』（東京書籍）、『パリ・メトロ散歩』（同）がある。

写真：伊藤智郎（いとう・ともお）
愛知県生まれ。中央大学文学部卒業。出版社勤務を経て、現在、オフィス・ギア共同代表。20年以上前からパリはもちろん、地方の旅に魅せられて年に数度渡仏。フランス全土を車で訪ねて撮影を続けている。

※この本は、ＷＥＢマガジン「かもめの本棚」に連載した「フランスの小さな村の教会巡り」「フランスの一度は訪れたい村」を加筆してまとめたものです。

※本書に掲載しているアクセス情報は取材時のものです。
さまざまな状況により変更となる可能性があります。

フランスの一度は訪れたい村

2019年11月27日　第1刷発行

著　者　坂井彰代

撮　影　伊藤智郎

発行者　原田邦彦

発行所　東海教育研究所
〒160-0023　東京都新宿区西新宿7-4-3　升本ビル
電話 03-3227-3700　ファクス 03-3227-3701
eigyo@tokaiedu.co.jp

印刷・製本　株式会社シナノパブリッシングプレス

装丁・本文デザイン　稲葉奏子

編集協力　齋藤 晋

ISBN 978-4-924523-08-1　C0026

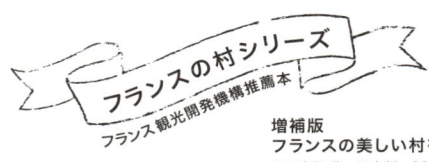

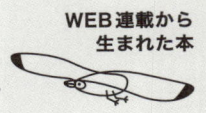

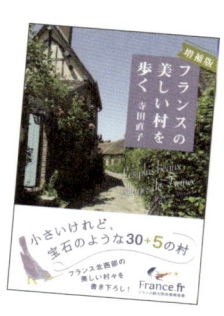

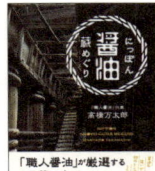

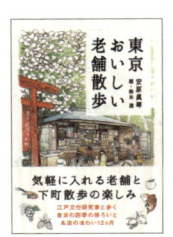